DISCARD

P9-AZV-560

DEL NACIONALISMO AL POPULISMO: CULTURA Y POLÍTICA EN PUERTO RICO

DEL NACIONALISMO AL POPULISMO:
Cultura y política en Puerto Rico

SILVIA ALVAREZ-CURBELO
MARIA ELENA RODRIGUEZ CASTRO
EDITORAS

Decanato de
Estudios Graduados e Investigación
Recinto de Río Piedras
Universidad de Puerto Rico

ediciones huracán

Primera edición: 1993

© Ediciones Huracán, Inc.
Ave. González 1002
Río Piedras, Puerto Rico

Portada: José A. Peláez
Foto de portada: "Buscando agua", Oficina de Información
    de Puerto Rico
Tipografía: Mary Jo Smith Parés
Cuidado de la edición: Yvette Torres Rivera

Impreso y hecho en la República Dominicana/
Printed and made in the Dominican Republic

Número de catálogo de la Biblioteca del Congreso/
Library of Congress Catalog Card Number: 93-72503
ISBN: 0-929157-25-7

Humboldt Branch
1605 - 1617 N. Troy
Chicago, IL 60647

INDICE

PRESENTACIÓN

Mucha de la historiografía sobre Puerto Rico en el siglo XX ha estado dominada por dos grandes debates. El primero gira en torno al conflicto entre el nacionalismo y el populismo. El segundo examina el cambio económico y social en el país a partir de la industrialización y la emigración.

Los respectivos méritos de los movimientos nacionalista y populista han reclamado los esfuerzos de toda clase de historiadores, desde los que no han pasado de las elegías a sus respectivos adalides hasta los que han tratado de documentar las raíces ideológicas y la extracción social de los movimientos. Pero no se ha dedicado suficiente atención a examinar cómo el movimiento nacionalista ha sobrevivido en el discurso populista y cómo éste se ha afanado por repasar la agenda de su contendiente.

De igual manera, la industrialización y la emigración han hallado un número grande de estudiosos que se han ocupado de documentar la proletarización, la enajenación, la pérdida de los valores tradicionales y de la cultura, en unos casos, o la modernización, la urbanización y la mejor calidad de vida, en otros. Muchas veces se ha insertado el estudio de la industrialización y la emigración en el contexto del conflicto entre el nacionalismo y el populismo. No siempre, se ha ubicado el análisis de los procesos de industrialización y de emigración en un contexto geográficamente más amplio e ideológicamente más ágil.

Este libro reúne algunas ponencias en torno al siglo XX presentadas en el Encuentro de Historiadores en Puerto Rico que auspició la Universidad de Puerto Rico en Río Piedras a principios de 1990. Diferentes en su temática, las ponencias aquí incluidas convergen en el tratamiento innovador de los problemas historiográficos de mediados del siglo XX. La atención a los discursos, la preocupación por las líneas de pensamiento, la delineación de las estructuras y el afán por los matices muestran las posibilidades de una historiografía política renovada y de una historia cultural que no se queda en las efemérides.

A los puertorriqueños de hoy se nos hace difícil establecer los vínculos que nos unen con nuestro pasado. El período estudiado en estos trabajos es precisamente el gran período de cambios acelerados que nos llevaron de vivir pendientes de lluvias, zafras y fiestas patronales a la sociedad que vive motorizada, computarizada y a merced de sus enseres eléctricos. Qué alternativas históricas hubo, cómo se vislumbraron, cuáles fueron los cambios estructurales fundamentales, y cuál ha sido el precio del cambio no son preguntas académicas. La historia narrada en estas ponencias proporciona la perspectiva necesaria para ver como algo más que un mero episodio estos nudos de preguntas en las que está urdida la vida de tanta gente.

Fernando Picó

RECONOCIMIENTOS

Agradecemos la cooperación de todos aquellos que han hecho posible la publicación de este volumen. Nuestro reconocimiento a los doctores Pedro San Miguel y Fernando Picó, organizadores del Encuentro de Historiadores de Puerto Rico en 1990. También al Fondo Institucional para la Investigación del Decanato de Estudios Graduados e Investigación, en particular a los decanos Rafael Ramírez y Angel Quintero Rivera. Agradecemos también la valiosa colaboración de la señora Wanda Acevedo.

La Junta Editora
Silvia Alvarez Curbelo
Fernando Picó
José Augusto Punsoda Díaz
María Elena Rodríguez Castro

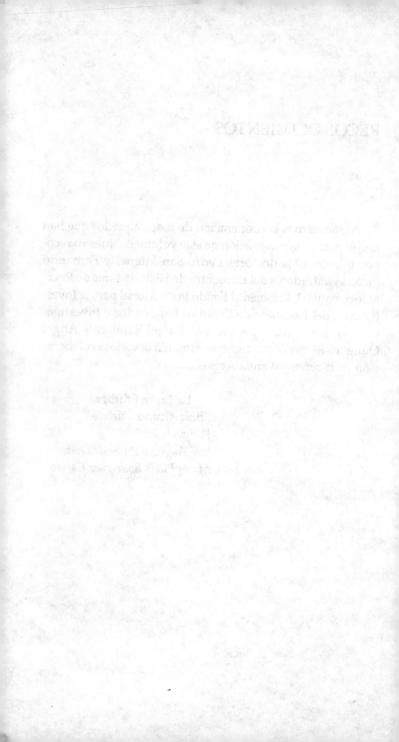

Silvia Álvarez Curbelo

El discurso populista de Luis Muñoz Marín: Condiciones de posibilidad y mitos fundacionales en el período 1932-1936

> *Toda manipulación del aparato simbóli-co global es decisiva en la renovación o la transformación de las relaciones so-ciales y este trabajo de re-escritura sim-bólica puede volverse, por sí mismo, un campo estratégico y táctico en el conflic-to entre los grupos rivales.*
>
> Pierre Ansart,
> *Ideología, conflictos y poder,* 1983

La presencia persistente del inventario discursivo del populismo en la práctica cultural y política latinoamericana reviste un carácter complejo.[1] En unos casos, propuestas con-temporáneas apelan –desplegando a menudo anacronismo e incomodidad flagrantes– a estructuras simbólicas y retóricas de connotación populista buscando legitimación o una mo-vilización más eficaz de sus interpelados. En otros, el popu-lismo se presenta como un camaleónico "ogro" a vencer por un impaciente y militante neo-liberalismo, o impugnado por sectores intelectuales y políticos desencantados con la ruti-na y corrupción del Estado y la cultura populistas.

Tanto las instancias que anatematizan el populismo como las que de una forma u otra lo manejan como un paradigma

---

[1]   Octavio Ianni, *La formación del estado populista* (México: Era, 1975).

añejo pero atractivo aún, apuntan a la reconsideración de lo que fue una impronta cultural de gran aliento que desbordó los confines específicamente políticos de los regímenes populistas. Esta incursión nos mueve a zonas más amplias e invasivas en las que se constituyen o reconstituyen identidades colectivas y se demarcan valores y utopías que caracterizan a sociedades en procesos de cambio. A través de este prisma, el populismo emerge como un decisivo operativo cultural en los niveles más significativos de la intersubjetividad y la comunicación social.

La abundante bibliografía sobre el populismo latinoamericano ofrece lecturas divergentes sobre las condiciones que propiciaron la aparición de los regímenes populistas que se instalaron en la región. En líneas generales, podemos delimitar tres tipos de focalizaciones: una que ilumina la zona estatal y que analiza particularmente la crisis del estado oligárquico; otra que parte de la crisis sufrida por el capitalismo en el período entreguerras, y una tercera lectura, más sociológica, que recupera las presiones modernizantes de los sectores medios y populares. Este ensayo se ubica en una línea de análisis cultural que, sin obviar los umbrales anteriores, suministra otra lectura sobre la capacidad de convocatoria y movilización exhibida por el populismo. Es una lectura discreta y localizada que analiza ciertas transacciones y operativos del discurso populista en los momentos iniciales de su configuración en el Puerto Rico de la década de los treinta. Aspira, sin embargo, a arrojar claves sobre los resortes simbólicos y discursivos que el populismo logró activar no sólo en Puerto Rico sino en otras instancias latinoamericanas y que aún hoy mantienen una contundente fuerza referencial.

El mito moderno

Una mirada somera al panorama cultural y político latinoamericano de la última década sugiere que, a pesar del agotamiento de sus regímenes políticos, la irradiación del populismo continúa. Se confirma, por ejemplo, en textos emblemáticos de la producción cultural puertorriqueña contemporánea. Tanto en *Las tribulaciones de Jonás* de Edgardo Rodríguez Juliá como en *Felices días, tío Sergio* de Magali García Ramis, como en el film de Marcos Zurinaga y Ana Lydia Vega, *La gran fiesta*, el populismo opera simultáneamente como un referente básico de las diversas narrativas y como un espectro a ser exorcizado.[2] Por otro lado, en el esfuerzo de los detractores del populismo por establecer un discurso político montado en el mercado y en la privatización a manera de nueva ortodoxia, advertimos un programa concomitante de desmantelamiento e invalidación de las categorías favorecidas por el populismo. No se trata sólo de un ejercicio intelectual. En la mayoría de los casos, y el ejemplo de México es particularmente aleccionador, estamos ante un proceso agresivo de desmitificación.

A pesar de constituir, en primera instancia, un discurso político de la modernidad, la derrama cultural acerca el populismo al modelo de convocatoria que proponen los mitos arcaicos. Esta función interpeladora y movilizadora de dentro del discurso político fue subrayado hacia fines de la década de 1920 por el peruano José Carlos Mariátegui en su lectura de las posibilidades revolucionarias en nuestro continente.[3] Para Mariátegui, la revolución avanzaba no sólo en tanto las condiciones materiales determinaran una concien-

---

[2] El entierro del líder populista Luis Muñoz Marín testimoniado por la generación post-populista es el asunto del primer libro; el papel de Muñoz como ordenador social e inquisidor en la década de los cincuenta aparece en el segundo; Muñoz Marín y la Segunda Guerra Mundial son los contextos que ambientan la película de Zurinaga y Vega.

[3] José Carlos Mariátegui, *Siete ensayos de interpretación de la realidad peruana* (México: Era, 1987).

cia y una organización, sino también en la medida en que se identificaran mitos integradores que alentasen la actuación social. Estos mitos, en el esquema de Mariátegui, no se manifiestan como un sucedáneo de las estructuras sino que asumen una cierta autonomía tanto en su génesis como en su comportamiento. Quizás esa condición particular del mito dentro del discurso político sea una de las claves para entender la persistencia de este último aún cuando se hayan transformado sus bases sociales y económicas originales.

En varias de nuestras sociedades, y en el período doselado por las guerras mundiales y la crisis del capitalismo, fue el populismo el que pudo generar mitos integradores para unas generaciones empeñadas en asumir de una vez por todas la modernidad. Proyectos populistas como el cardenismo mexicano, el peronismo en Argentina, el varguismo en Brasil, el muñocismo en Puerto Rico se revelaron como propuestas en torno a los mitos modernos claves: el desarrollo, la industrialización, la auto-determinación política respecto a los centros mundiales, la armonía social y racial y la identidad nacional. El montaje de cada una de estas propuestas muestra importantes diferencias pero en todas ellas la actividad discursiva y simbólica fue crucial. Desde un primer momento todas tuvieron una vocación masiva y grandilocuente. Como en el mito arcaico, sus visiones de la historia, sus relatos legitimadores y sus utopías estuvieron mediados por la lucha contra fuerzas extraordinarias y por la promesa de grandes conquistas.

La conflictividad del discurso político: las estructuras y los símbolos

En *The Interpretation of Cultures*, Clifford Geertz identifica el carácter distintivo de las ideologías: son mapas de la conflictiva realidad social y matrices para la creación de una conciencia colectiva. Es su propósito dotar de sentidos, de recursos semánticos, a una situación social y actuar en su precario interior simbólico. De ahí su naturaleza sumamente figurativa, de ahí la intensidad con la cual las ideologías, una vez aceptadas, son mantenidas.[4]

En cuanto artefacto organizador de significados, el discurso político entabla con las estructuras materiales un sistema de implicaciones y contaminaciones mutuas. Los discursos políticos no funcionan entonces como un mero comentario del sistema social, sus distribuciones y conflictos. Son formas que adopta el conflicto social a la vez que respuestas creadoras ante el mismo. Es en esta implicación multiforme o, como señala Pierre Ansart, es en el entrelazamiento del conflicto con el discurso, entre la organización del discurso y el reforzamiento del conflicto por el discurso, que se rescata la más abarcadora lectura de una propuesta política.[5] La lectura que propongo de la "prehistoria" del populismo puertorriqueño, de su "genealogía", recoge esta noción de que el discurso político es un lugar privilegiado de conflictividad. Es una arena decisiva que en más de una ocasión ensaya (a manera de *blueprint* arquitectónico) las conflictividades que se plantean en las zonas estructurales de lo económico, lo demográfico, lo social. En la experiencia que nos ocupa, el discurso político de Luis Muñoz Marín en la etapa formativa del populismo puertorriqueño, los dos tipos de conflictividades, la estructural y la discursiva, manifiestan índices significativos de contaminación y reflujo.

La intervención conspicua de la conflictividad discursiva durante la década de los treinta nos remite inevitablemente a planteamientos sobre qué peso relativo tienen los campos

---

[4] Clifford Geertz, *The Interpretation of Cultures* (New York: Basic Books Inc., 1973), p. 220.

[5] Pierre Ansart, *Ideología, conflictos y poder* (México: Premiá Editora, 1983).

simbólicos en determinar las condiciones de posibilidad del cambio social y en la organización y movilización hacia el mismo. ¿Puede una interpelación discursiva eficaz *instaurar* el cambio social mediante la organización de la conflictividad estructural? La pesquisa necesariamente tendrá que recalar en la facultad de esa interpelación discursiva para generar relatos de integración e identidad que, a la manera de los mitos, distribuyan los sentidos, movilicen a la acción y, a la larga, se instalen como un nuevo orden que diluya o desdramatice los conflictos estructurales.

Las primeras décadas de este siglo fueron particularmente pródigas de mitos que lograron coligar a grandes masas sociales y las impulsaron a acciones sociales impresionantes: "La huelga general", "Todo el poder a los soviets", "La puñalada en la espalda a Alemania", "La tierra es para aquél que la trabaja", son versiones emblemáticas de algunas de esas narrativas movilizadoras aparecidas en distintas latitudes. A través de una intensa labor de organización de la información, de nominación y dramatización de los conflictos sociales, y de formulación de nuevos imaginarios, el discurso político de Luis Muñoz Marín medió en la convulsa década de los treinta en Puerto Rico, prescribiendo un eficaz y movilizador proyecto de futuro. A través de una serie de violentos ejercicios de desmantelamiento y depredación, el discurso muñocista se enfrentó simultáneamente a viejos discursos fragilizados y a discursos emergentes de indudable fuerza interpeladora. En el contexto de una crisis sin precedentes, la formación simbólica populista logró desestimar los discursos preterizados y estigmatizar al rival nacionalista para lograr concertar con las estructuras en crisis un intercambio transformador.

El conflicto estructural: crisis de la economía dependiente y colapso oligárquico

En su antológica propuesta sobre el populismo latino-americano, Octavio Ianni remite su aparición a dos contradicciones nucleares: la que se plantea entre los centros industriales y financieros mundiales y las periferias dependientes y la que se despliega entre los estados oligárquicos en América Latina y las clases o fracciones de clases emergentes.[6] A pesar de que una mediación tan marcada de la categoría "clases sociales" en la lectura de Ianni podría someterse a escrutinio, su caracterización del contexto de crisis es sumamente útil para demarcar el período que tratamos. Los regímenes populistas que se instalaron en América Latina a partir de la década de los treinta se relacionan íntimamente, como afirma Ianni, a las condiciones excepcionales creadas por la crisis mundial del capitalismo.

En el caso de las Antillas, ya para 1921 están presentes las señales de la crisis. Mucho antes que en el resto de América Latina, el modelo exportador antillano, asentado sobre la agricultura de sobremesa (azúcar, café y tabaco), mostraba índices de intensa fragilidad. El caos soterrado que distinguió al capitalismo de posguerra se manifestó anticipadamente en la inestabilidad de los mercados agrícolas.

Irónicamente, la década del veinte había comenzado para las economías antillanas con una escalada de precios como resultado de una demanda renovada por productos tropicales tras el fin de la guerra.[7] La espiral inflacionaria fue parti-

---

[6] Octavio Ianni. *Populismo y contradicciones de clase en América Latina* (Gino Germani et al, eds. México: Era, 1973), p. 85.

[7] Para una caracterización de la inflación post-guerra ver a Derek H. Aldcroft, *De Versalles a Wall Street, 1919-1929* (Barcelona: Crítica, 1985).

cularmente dramática en el caso del azúcar. Cuba bailó una orgiástica *Danza de los Millones* replicada en menor grado por Puerto Rico y la República Dominicana al son de los precios sin precedentes. Como era de esperarse en economías en extremo porosas a las modificaciones coyunturales, los precios inflados distorsionaron los valores en bienes raíces y el costo del dinero. Los hacendados, los banqueros, los colonos azucareros y los comerciantes, vislumbrando una prosperidad eterna, apostaron al alza. Años más tarde, en los momentos más intensos de las luchas obreras en los cañaverales, los obreros puertorriqueños recordaban el 1920 como una fecha paradigmática en la que el salario del trabajador menos calificado había sido de $1.00 diario. La quimérica danza se había extendido, aunque de manera desigual, a la esfera tradicionalmente poco elástica de los salarios.

La caída de precios fue tan estrepitosa como espectacular el alza. En Puerto Rico, la deflación súbita hizo que numerosas inversiones realizadas en una época de finanzas movedizas sucumbieran, cundiendo las quiebras y ejecuciones forzadas. Aún los centralistas puertorriqueños, que mantenían una jugosa tajada de la producción azucarera, se resintieron significativamente con la crisis.[8] Si bien no perdieron su porción del mercado, sus niveles de endeudamiento aumentaron.[9] Durante el resto de la década, importantes centrales criollas fueron vendidas. En 1926, un nuevo

---

[8] Para un análisis de la ubicación de los centralistas puertorriqueños en la industria azucarera ver A.G. Quintero Rivera, *Economía y política en Puerto Rico, 1900-1934* (Río Piedras: Centro de Investigaciones Sociales de la Universidad de Puerto Rico, 1982).

[9] Aún cuando las centrales puertorriqueñas mantienen una porción de la molienda anual que fluctúa entre el 36 y el 27% en el período comprendido entre 1920 y 1934, el nivel de beneficios y la carga hipotecaria operaron a la inversa que en las exitosas centrales norteamericanas.

gigante centralista de capital norteamericano, la United Porto Rico Sugar, surgió de la incapacidad de varias centrales
del norte y el centro de salir a flote de la crisis.

Los ordenamientos sociales y políticos oligárquicos, arti-
culados en función del modelo exportador dependiente,
quedaron profundamente afectados. El cuadro social del
agro puertorriqueño quedó devastado desde entonces. La
atomización de los sectores agrícolas enfrentó a colonos contra centralistas; sembradores de tabaco frente a acaparado-
res; centrales nativas contra las siempre-hambrientas-de-tie-
rra centrales norteamericanas, y todos estos sectores contra
los distintos tipos de agrego y mano de obra asalariada.

Antes de que el *Crash* de la Bolsa de Valores de Nueva
York oficializara el inicio de la depresión mundial, la deses-
tabilización agrícola había puesto en jaque la capacidad del
liberalismo oligárquico dependiente para administrar un
país en crisis. Amenazado "desde arriba" por la geofagia e
impunidad fiscal de las corporaciones norteamericanas y
"desde abajo" por la fuerza de las protestas populares, el
mayoritario Partido Unión de Puerto Rico experimentó importantes modificaciones. En 1922, un importante sector
abandonó el unionismo y fundó el Partido Nacionalista. Dos
años después llegó a un sorpresivo arreglo electoral con su
tradicional enemigo histórico: el Partido Republicano. La
Alianza, como se conoció el nuevo partido, intentó reforzar
la cúpula oligárquica y salvar los espacios tradicionales de
poder (en particular el sistema de patronazgo municipal). A
la larga, sin embargo, fragmentó aún más al bloque propietario. Los aliancistas recargaron su discurso de consignas
anti-populares y canalizaron sus demandas ante Washington
por un gobernador electivo para el país, pero su programa
económico soslayó los apremiantes problemas del latifundio
y el ausentismo. Los beneficiarios netos de este ordenamien-

to oligárquico no fueron otras que las centrales azucareras norteamericanas.[10]

Primeras propuestas muñocistas: el mito del pueblo

Dos de los críticos más incisivos del arreglo plutocrático aliancista fueron Luis Muñoz Marín y Pedro Albizu Campos. Para ambos, la Alianza era una componenda urgida por los consorcios azucareros y concertada en el Departamento de la Guerra en Washington, bajo cuya jurisdicción estaba Puerto Rico. Sin embargo, la mayor amenaza contra la Alianza provino del sector propietario mismo, con el nombre de "Fuerzas Vivas". Este movimiento, con una fuerte retórica criollista y ribetes proto-fascistas, propuso un programa de reivindicación ante el avance simultáneo de las corporaciones norteamericanas y de las fuerzas socialistas que amenazaban con arrebatarle su dominio secular sobre el agro puertorriqueño.

La sintonía entre Muñoz Marín y Albizu respecto a la Alianza se deshizo en 1926, precisamente en torno a la campaña de las Fuerzas Vivas. Albizu advirtió en el discurso propietario rebelde una coincidencia con su sistema de valores culturales: el privilegio de la tierra; la defensa de las jerarquías orgánicas; el respeto a la tradición, y el anti-liberalismo. Muñoz Marín, por el contrario, vio en las Fuerzas Vivas un grave peligro social –un reacomodo de los sectores retardatarios del agro– y propuso un bloque alterno de fuerzas progresistas que enfrentase la más reciente metamorfo-

---

[10] El manifiesto que legitimó la creación del nuevo partido propuso una especie de división del trabajo colonial en la cual quedaban protegidas las bases latifundistas y ausentistas de la industria azucarera en Puerto Rico. Ver el texto del Manifiesto Tous-Barceló en Bolívar Pagán, *Historia de los partidos políticos puertorriqueños (1898-1956)* (San Juan: Librería Campos, 1959, 2 vols., I), pp. 228-233.

sis de la reacción. El bloque estaría integrado por el ala progresista de la Alianza y los socialistas en torno a un programa anti-latifundista y anti-ausentista en lo económico y autonomista en lo político. En palabras de Muñoz: "jaque al monopolio creciente de la tierra, jaque al ausentismo, libertad política práctica bajo una fórmula sinceramente autonómica de gobierno".[11] El proyecto, de obvias connotaciones populistas, no prosperó. El alto liderato de la Alianza desmovilizó a Muñoz Marín quitándole la tribuna privilegiada del periódico *La Democracia*, del cual era editor; negoció una reconciliación con las Fuerzas Vivas y logró, a duras penas, ganar las elecciones de 1928.

Tras la victoria pírrica de 1928, la Alianza se deshizo. No había logrado resolver las contradicciones crecientes en el seno de un bloque propietario en crisis. Como discurso oligárquico su funcionamiento fue torpe, y algunos grupos dentro de la oligarquía optaron por articular un nuevo discurso político de paz industrial aún cuando hubiese que aliarse con los socialistas. Como discurso modernizador, la Alianza tampoco tuvo éxito. La retórica del progreso se estrelló a menudo con las prácticas arcaizantes de un mundo todavía fundamentalmente patriarcal, creando cada vez más frustración entre los sectores medios emergentes. Como discurso colonial, el aliancismo propuso posponer la consideración del status y abocarse a la búsqueda de reformas a la carta orgánica. Por su parte, algunos sectores dinámicos dentro de la oligarquía (Miguel Angel García Méndez, Alfonso Valdés, Pedro Juan Serrallés, entre otros) entendieron que la salvación del sector propietario estribaba en una renovación

---

[11] Ver el editorial escrito por Luis Muñoz Marín en *La Democracia*, 13 de agosto de 1926.

anexionista del pacto colonial, lo que les aseguraría de una vez y por todas la ventaja arancelaria.[12]

Ciertamente, la incapacidad del Partido Liberal (el nombre que adopta la antigua colectividad unionista) para tomar el poder tras la debacle aliancista y durante la década de los treinta se debió a la eficaz coalición electoral entablada entre republicanos y socialistas. Pero, de la misma manera, el Partido Liberal fue incapaz de modernizar su discurso ante la crisis del modelo colonial y de responder a los reclamos de los sectores populares y medios. Siguió funcionando como un partido de formas oligárquicas, a base del clientelismo y caudillismo regionales, sensible a una riqueza cansada incapaz de maniobrar con eficacia dentro de un capitalismo en redefinición. La muerte a comienzos de los treinta de Eduardo Georgetti, Midas de la economía insular y patriarca del liberalismo, con su legendaria fortuna venida a menos y políticamente descastado, fue oracular.

Desde el "exilio" político en Nueva York, Luis Muñoz Marín identificó la disyuntiva trágica del liberalismo que su padre había acaudillado por tantos años. Ningún partido había alcanzado el poder en Puerto Rico sin el concurso de los ricos –señalaba en una serie de artículos de 1929– pero para resolver los problemas que aquejaban a la isla había que ir en contra de los ricos.[13] Los centralistas modernizantes que habían desertado de la Alianza cuando les fue inútil eran prueba para Muñoz de que la riqueza insular atendería fun-

---

[12] En la competencia feroz desatada entre los productores mundiales de azúcar, Puerto Rico tenía la desventaja de que sus costos de producción eran los segundos más altos después de los de Luisiana. La entrada libre al mercado norteamericano parecía constituir la única ventaja clara sobre la competencia, especialmente la representada por Cuba.

[13] Luis Muñoz Marín, "Los problemas fundamentales de Puerto Rico, aparte del político, no lo pueden resolver las clases adineradas", *El Mundo* (9 de abril de 1929).

damentalmente sus intereses particulares. Habían decidido renegociar el pacto colonial "...hablándole a Washington en el lenguaje que mejor se entiende allí, el del privilegio capitalista". A continuación volvía a proponer una combinación progresista de sectores: la clase media, que respondía tradicionalmente a Barceló y al liberalismo, y la *masa electoral* alineada con Santiago Iglesias para crear un bloque democrático-popular frente al bloque privilegiado en el poder.[14] El mito del pueblo, intersubjetividad surgida y marcada por la otredad del privilegio, emergía como el primer mito integrador alrededor del cual Muñoz construiría otros dos dispositivos simbólicos: el que identificaría la fuerza que había determinado la historia del pueblo puertorriqueño y el que le señalaría un futuro, el de la utopía.

Las propuestas proto-populistas de 1926 y 1929 adelantadas por Luis Muñoz Marín no tuvieron para aquel entonces el poder de convocatoria necesario para generar la formación de un nuevo instrumento político. En gran medida, se debía a la indecisión del propio Muñoz respecto a asumir frontalmente una vocación política, situación que no se dilucidó hasta su regreso de Nueva York en 1931. No obstante, ambas propuestas eran ejemplares en tanto confirmaban las construcciones simbólicas típicas en todo proyecto populista: una, la de una *intersubjetividad* no necesariamente consustancial a la nación, que rebasa perímetros de clase, raza y niveles de educación; segundo, la identificación de un *bloque de poder* metaforizado por el azúcar que avasallaba la intersubjetividad popular y, finalmente, el mito de una lucha *épica* de esa identidad (pueblo) frente a las fuerzas extraordinarias del dinero, el privilegio y el poder.[15]

---

[14] Ver los editoriales de *El Mundo* del 10, 11 y 16 de abril de 1929.

[15] Este esquema sigue, en líneas generales, la caracterización que elabora Ernesto Laclau del populismo como una particular interpelación

Mientras tanto, dos importantes modificaciones se habían operado en el disputado ruedo de la política insular. En primer lugar, la crisis económica y la fragilidad ideológica del liberalismo para enfrentarla, provocaron una amplia crisis de certezas y la aparición de diversos discursos contestatarios. Uno de los más influyentes fue un complejo discurso culturalista. Durante los primeros años de la década, textos como *Insularismo* de Antonio S. Pedreira inventariaron las limitaciones e impotencias nacionales –isla pequeña, mezclada racialmente, nave al garete– y clamaron por la regeneración del país. Sin embargo, la tensión entre los reclamos de transformación modernizante y la insistencia en montar una identidad nacional sobre una tradición recuperada, mantuvo el discurso culturalista en ambigüedad política respecto al nacionalismo. Gradualmente, zonas importantes de este discurso comenzarían a emitir voces más politizadas, de acento decididamente modernizante, en torno a la renovación educativa e institucional.[16] Hacia finales de la década, el discurso cultural adquirió un mayor carácter orgánico que pavimentaría el camino del proyecto populista.

La transformación modernizante fue clave también para otra serie discursiva: un discurso agrario-técnico articulado por cuadros tecnócratas y por fracciones progresistas dentro del agro puertorriqueño. Textos como el *Plan Chardón* y el *Informe sobre la Industria Azucarera* de Esteban Bird reconceptualizaron el problema de la tierra buscando una mayor racionalidad, tecnificación y redistribución social de la riqueza.

---

democrático-popular. Ver, Ernesto Laclau, *Política e ideología en la teoría marxista. Capitalismo, fascismo, populismo* (Madrid: Siglo XXI, 1986).

[16] Para una excelente interpretación del discurso culturalista de los treinta ver a María Elena Rodríguez Castro, "Tradición y modernidad: El intelectual puertorriqueño ante la década del treinta", *Op. Cit.* (III: 1987-1988), pp. 45-65.

Ambos discursos aportaron al populismo dos campos semánticos y dos fuentes inestimables de legitimidad: una identidad cultural para el país y la centralidad de la tierra. Esta apropiación fue decisiva para el populismo en su concreción como alternativa política. Alrededor de un vocación compartida de modernización, el populismo logró despegarlos de su afinidad original con el nacionalismo y sumarlos a su elenco de mitos movilizadores.

Por otro lado, y mostrando una diferencia clara con la década del veinte, las ideologías fueron definiéndose cada vez más por las opciones respecto al status político del país. La intervención del nacionalismo en esta lógica fue significativa. Al entrar de lleno en la década del treinta, el nacionalismo se constituyó en la réplica ideológica más organizada y con mayor capacidad de movilización social. Despertando iras, culpas y esperanzas, el nacionalismo emergió como una voz hierática en medio de la crisis que se abatía sobre Puerto Rico. Sus tribunas se erigieron como tribunales sentenciosos en función de una reducción ideológica dramática: *o yanquis o puertorriqueños*.

Aunque fundado en la década de los veinte, el Partido Nacionalista marcó un vertiginoso ritmo de producción discursiva y simbólica a partir de la presidencia de Pedro Albizu Campos en 1930. Central en esa tarea fue una re-escritura del pasado del país, en particular, la recuperación de un panteón de héroes y efemérides como el Grito de Lares. El nacionalismo se asentó sobre la construcción de un mundo criollo de propiedad amorosa de la tierra vertebrado culturalmente por una hispanidad y un catolicismo depurados. Así mismo, el nacionalismo rechazó el análisis focalizado en la lucha de clases por atentar contra la categoría superior de la identidad nacional. El discurso nacionalista también dictó un presente implacable: frente al materialismo craso del usurpador imperial, la voluntad, el valor, el sacrificio; el ejercicio de Ariel frente a Calibán.

El principio de la nacionalidad configuró un sujeto éticamente comprometido con la mandato universal de la libertad, para quien la lealtad a la patria se convertía en el valor individual y social por excelencia. Consecuentemente, la independencia de Puerto Rico se convirtió en el criterio fundamental para dilucidar el conflicto público. Para 1932, el nacionalismo había logrado penetrar los sectores medios golpeados por la crisis y se preparaba para reclamar públicamente el poder. La nación albizuísta construida desde la tierra, anclada en una tradición milenaria, era un formidable rival para el incipiente discurso muñocista, que se vio obligado a apuntalar el mito del pueblo con el relato azucarero.

La concreción del discurso muñocista a través del mito azucarero

De 1932 a 1936, Luis Muñoz Marín llevó a cabo una compleja puesta en conflictividad del país. Fue durante ese período que planteó los deslindes discursivos necesarios; afinó una voz propia y adelantó los relatos básicos que conformarían su discurso político. El punto de partida de este proceso fue su decisión de ubicarse en el Partido Liberal. Esta decisión le proporcionó una red ya sazonada de lealtades; un electorado constituido; una no desdeñable legitimidad, pues había sido el partido de su padre, y una tribuna senatorial ganada en las elecciones de 1932 y desde la cual generaría gran parte de su producción discursiva.[17] Paralelamente, Muñoz Marín nutrió un espacio que manejaría como legitimación adicional a su recién adquirida carrera política. El

---

[17] Para un análisis del cuatrienio senatorial de Luis Muñoz Marín ver a Silvia Alvarez Curbelo, "La casa de cristal: El ejercicio senatorial de Luis Muñoz Marín, 1932-1936" en *Senado de Puerto Rico, 1917-1992: Ensayos de historia institucional* (San Juan: Senado de Puerto Rico, 1992).

imperio benévolo, reformista y populista de Franklin Delano Roosevelt desempeñaría un papel importante en el despegue del proyecto muñocista. Muñoz adelantó gran parte de sus propuestas en el cuatrienio de la Depresión enaborlando la herencia paterna y su afiliación con la administración novotratista en Washington.[18] A la vez que se fortalecía con estas asociaciones, sin embargo, intentaba emitir una voz autónoma: clamaba por la independencia mientras gestionaba esperanzado la aplicación de los programas del Nuevo Trato a Puerto Rico; obtenía el mayor número de votos en la papeleta liberal mientras la emprendía contra las fortunas que habían financiado las campañas de su padre y la suya propia.

Este proceso confuso de interpelación, distanciado de los patrones tradicionales pero a la vez suficientemente respetuoso de las convenciones institucionales, fue determinante. La conflictividad de los procesos develada por el discurso muñocista se replicaba en la conflictividad al interior del discurso, es decir, al discurso mismo como zona de cambios, urgida de transformación. La atención pública no se dirigiría únicamente a la denuncia de los problemas insulares sino también a las maneras singulares en que el país sería leído, organizado y *salvado*. El centro de toda esta puesta en conflictividad (esencialmente se trata de una puesta en escena) fue el papel que se le asignó al azúcar.

Veamos el proceso en una serie de artículos de Muñoz aparecidos en 1932. La argumentación que se desarrolla en la serie y que defendió exitosamente en la convención del Partido Liberal avala la deseabilidad de la independencia para Puerto Rico desde una doble perspectiva. Por un lado, la independencia se plantea como un imperativo moral; por

---

[18] Ver Thomas Mathews, *La política puertorriqueña y el Nuevo Trato* (Río Piedras: Editorial Universitaria, 1975).

el otro, como un imperativo económico. Lo que singulariza la propuesta es la manera en que Muñoz logra privilegiar uno de los imperativos sin necesidad de articular ninguna jerarquía. El imperativo moral queda transformado por una condición: es un imperativo "eminentemente práctico". La condición enlaza lo moral con lo económico, que queda así doblemente iluminado (en rigor, lo que queda especialmente iluminado es la *practicidad*). Esta focalización particular es necesaria para legitimar la visión de Muñoz de que la ley fundamental que ha regido la historia de Puerto Rico es la del *determinismo económico* encarnado en la caña de azúcar. La independencia sería la única opción moralmente práctica para liberarnos de esa servidumbre económica.[19] En estos textos de 1932, Muñoz conjugaría la centralidad estructural del azúcar con la centralidad metafórica del azúcar. Construiría un imaginario complejo pero accesible a todos que le serviría para contar la historia del país, para hacerse entender por una sociedad cuyos espacios y tiempos eran fundamentalmente dictados por el azúcar.

El imaginario azucarero sirvió también para proponer un particular deslinde con el discurso nacionalista. A pesar de su conocido anuncio de que había votado por Albizu Campos en las elecciones de 1932 y de su defensa de la alternativa independentista para Puerto Rico, en Muñoz se albergaba un profundo anti-nacionalismo. En 1934 publica un importante texto en el cual la diferencia se plantea de manera oblicua pero indudable. Nuevamente, el texto cumple dos propósitos. En primer lugar, es una lectura de la situación del país en una coyuntura que Muñoz estima decisiva. Se trata del momento en que Estados Unidos dicta un arreglo de cuotas para la producción mundial del azúcar ante el desplome de

---

[19] Luis Muñoz Marín, "Puerto Rico y el Partido Liberal", *El Mundo*, 10 de marzo de 1932.

precios y las enormes existencias del dulce. La decisión de Roosevelt de reestructurar la industria azucarera demostraba la propuesta muñocista sobre el determinismo azucarero. El nudo gordiano que ataba la vida del país era el azúcar. Pero a la vez el texto es la presentación de una *forma* de lectura que sirve para precisar su discurso y distanciarlo de otros. Muñoz encuentra en 1913 una instancia análoga a la que atraviesa el país en el momento en que escribe. En aquel año, un Congreso norteamericano dominado también por los demócratas había dejado sin protección arancelaria al azúcar puertorriqueño. La reacción no se hizo esperar en las filas del mayoritario Partido Unión, que radicalizó su posición respecto al status político de Puerto Rico. El ala de De Diego logró alinear al partido tras la defensa de la independencia: *Aquel año, los independentistas triunfaron no sólo por el verbo candente de De Diego sino también por la fuerza incontrastable del determinismo económico. Si no sobreviene la guerra mundial, Puerto Rico habría muerto o habría sido independiente.*[20]

Lo importante del ejemplo de 1913 es la forma como complementa la lectura que hace Muñoz de la situación del país en 1934. Es lo económico –en la forma de la servidumbre respecto al azúcar– lo que determina el curso de la historia y es en función de esa servidumbre que el discurso político debe articularse. Pero el azúcar es un mito integrador ambiguo. Muñoz utilizó metáforas relativas al ciclo azucarero cuando penetró en la ruralía para explicar su proyecto de un nuevo partido y articuló su proyecto económico alrededor de la reforma de la industria azucarera. Pero, a la vez, en el esquema discursivo de Muñoz las grandes fuerzas del privilegio frente a las cuales el país tenía que dirigir su épi-

---

[20] Luis Muñoz Marín, "Muñoz Marín pide a la Legislatura exprese su criterio sobre los problemas económicos fundamentales", *La Democracia*, 24 de marzo de 1934.

ca eran las gigantescas corporaciones azucareras; el tiempo de los políticos cómplices que sucedieron a su padre fue definido por Muñoz como el tiempo muerto de la caña. Fue este último sentido el que iría definiendo su eventual proyecto económico: la liberación definitiva del pueblo respecto al ciclo inexorable de la caña de azúcar; el abandono de la tierra por ser incompatible, en última instancia, con la modernidad.[21]

El despegue del discurso muñocista: el mito de la épica del pueblo

Como toda ideología de amplio poder de convocatoria, el populismo adelantó una visión de la historia: una recuperación selectiva del pasado sobre la cual se prepararía el camino para la realización de una utopía. Arcadio Díaz Quiñones ha apuntado a esta gestión del emergente populismo puertorriqueño durante las elecciones de 1940.[22] Pero ese importante proceso había comenzado mucho antes. El rompimiento de Muñoz con el Partido Liberal en 1936 constituyó un plataforma desde la cual se articularía la visión de la historia del populismo.

En medio de un turbulento año eleccionario caracterizado por la violencia del Estado y la violencia nacionalista, se radicó un proyecto en el Congreso de los Estados Unidos que le concedía la independencia inmediata a Puerto Rico. El Proyecto Tydings para otorgarle a Puerto Rico una independencia sin transiciones ni salvaguardas económicas puso en

---

[21] El proyecto económico del populismo triunfante está articulado en Luis Muñoz Marín, "Nuevos caminos hacia viejos objetivos", *El Mundo*, 28 y 29 de junio de 1946.

[22] Arcadio Díaz Quiñones, "Recordando el futuro imaginario: la escritura histórica en la década del treinta", *Sin Nombre* (San Juan: XIV-3, 1984).

jaque la sostenida defensa muñocista de la independencia. El sector dentro del liberalismo más comprometido con la independencia le instó a que asumiera el liderato en momentos en que el Partido Liberal se mostraba incapaz de enfrentar la crisis política. Su principal ideólogo, Vicente Géigel Polanco, le pidió, a un Muñoz recluido en Washington, que se convirtiera en el "obrero de la independencia".[23] La argumentación de Géigel, quien al comienzo de la década de los cincuenta rompería con Muñoz, proponía un *movimiento masivo* que combinaría la afirmación de justicia social ("Nuestro partido se debe en primer término al pueblo") con la proclama de la independencia. Géigel creía que era hora de que Muñoz relevara al nacionalismo del reclamo soberanista ("La gloria de orientar este movimiento te corresponde. No renuncies a ella").[24]

La poderosa interpelación de Géigel obligó a Muñoz a un nuevo operativo de deslinde que, a la larga, sería crucial. Su contestación a la invitación de Géigel se dio, significativamente, en la forma de un "manifiesto a todos los puertorriqueños" en el cual planteaba que "la independencia era la única solución". Los argumentos favorecedores a la estadidad y a la autonomía quedaron desmantelados; los miedos a la independencia, desinflados. No obstante, junto a esa impecable legitimación de la lucha anti-colonial, Muñoz dictó una nueva agenda para el pueblo: "¿Qué es lo primero, lo inmediato que tenemos que hacer para crecer? Lo primero es saber oír la verdad que a menudo hemos sabido decir. Casi todos los hombres saben, en ocasiones, decir la verdad. Pocos saben oírla, salvo en los pueblos muy libres. Tenemos que ser un pueblo profundamente libre. La verdad inicial,

---

[23] Reece Bothwell, ed., *Puerto Rico: Cien años de lucha política* (Río Piedras: Editorial Universitaria, 1979, II), pp. 587-589.

[24] *Ibid.*, pp. 583-585.

34

según yo la veo, es que nuestro espíritu ciudadano no iguala a nuestro patriotismo. Nuestros sentimientos patrióticos son mucho más fuertes que nuestra responsabilidad ciudadana. Para crecer es necesario que el espíritu sereno de responsabilidad ciudadana sea tan fuerte como el sentimiento emocional del patriotismo".[25] La épica popular quedaba sutilmente desplazada hacia las zonas temperadas de un ejercicio cívico. En ese poderoso juego de luces, las convocatorias patrióticas quedaban ensombrecidas por el apasionamiento inmaduro. La oposición eventual en el populismo muñocista entre pueblo y patria quedaba prefigurada en términos de una opción entre razón y pasión.

Por otra parte, las desavenencias en torno al Proyecto Tydings aceleraron la erosión de los débiles lazos que unían a Muñoz con el discurso liberal. Finalmente, y por un sólo voto, la posición de Muñoz de ir al retraimiento como protesta por la radicación del proyecto fue derrotada. Para Muñoz no cabía duda. El azúcar con sus poderosos resortes había propiciado su derrota y mantendría su férreo dominio sobre la política del país en la próxima contienda electoral.

Semanas antes de las elecciones Muñoz publicó un artículo de cadencia amarga en el que se dirigía a un imaginario historiador ocupado en analizar lo que había ocurrido en los años transcurridos desde su regreso de Nueva York. Le proponía descifrar la extendida crisis política que se había planteado desde la desintegración de la Alianza hasta la derrota de Muñoz Marín y sus seguidores en el seno del Partido Liberal. Mediante una selecta cronología, Muñoz elaboró una narrativa de caída en la que tildaba al liderato del Partido Liberal de fallida sindicatura tras la muerte de su padre, Luis Muñoz Rivera. Un pasado de traición debía ser rescatado. A

---

[25] Luis Muñoz Marín, "Muñoz Marín dirige un manifiesto a todos los puertorriqueños", *El Mundo*, 25 de junio de 1936.

partir de ese momento, Muñoz se presentaría como el verdadero continuador de la obra de su padre. Al reclamar la victoria en 1940, la unciría a un tiempo heróico de patriotas puesto en hiato desde 1916. Desde la partida de su padre hasta 1940 habían transcurrido 25 años de tiempo muerto (otra metáfora cañera), 25 años sin historia. El liberalismo de esos 25 años quedaba bastardizado. En 1940 el hijo legítimo retomaba la tradición traicionada por la generación que había sucedido a Muñoz Rivera.

En 1938, el grupo disidente encabezado por Muñoz Marín atravesó la "geografía adolorida" de la isla para inscribir un nuevo partido cuya enseña era la silueta de un campesino y su lema, con ribetes zapatistas, Pan, Tierra y Libertad. En pocos meses, el Partido Popular Democrático organizó los 786 barrios rurales de Puerto Rico y desafió con éxito a la gobernante Coalición en las elecciones de 1940. Acallada la trinchera nacionalista por las balas y la cárcel, el discurso populista consumó un acto simbólico: relevó al nacionalismo del concepto de la libertad. Pero la libertad quedó resemantizada y recontextualizada. El modelo lo proveería la lucha anti-fascista.

Al mismo tiempo que los ejércitos fascistas aplastaban a Polonia, Holanda, Bélgica y Francia, los hombres nuevos del populismo puertorriqueño asociaban su campaña en los campos boricuas al combate mundial por la democracia y la libertad. Atrás tenían que quedar las patrias y las nacionalidades, mitologías de guerra y barbarie. La Segunda Guerra Mundial consolidaría la incisiva faena de construcción simbólica desplegada en los críticos años anteriores: la articulación de tres mitos integradores y movilizadores con mayores posibilidades de presidir sobre un nuevo pacto colonial y sobre un nuevo ordenamiento social en la post-guerra.

Luis Ángel Ferrao

Nacionalismo, hispanismo y élite intelectual en el Puerto Rico de la década de 1930

Cualquier estudio serio que examine el acontecer de la sociedad puertorriqueña durante la convulsionada década de los treinta vendrá obligado a reconocer que el nacionalismo fue una de las corrientes políticas y culturales más intensas que conoció el país, una experiencia que muchos puertorriqueños de esa generación vivieron de modo ineludible y hasta necesario.

Aclaro de entrada que cuando hablo aquí del nacionalismo de los años treinta no lo circunscribo a lo que fue la intensa actividad política desplegada por el Partido Nacionalista y su líder, Pedro Albizu Campos, en dicho período. A mi modo de ver, Albizu Campos (y el movimiento político que él encabezó) fue tan sólo una de las múltiples manifestaciones de sentimiento nacionalista que se produjeron a lo largo de esos años. Sin duda, la suya fue una de las demostraciones más conspicuas e importantes del período, pero no fue, ciertamente, la única. De hecho, toda la década fue testigo de una verdadera eclosión de dicho sentimiento alentado, entre otros factores, por la crisis económica que asolaba la isla, el carácter cada vez más autoritario que asumieron las instituciones coloniales en manos de funcionarios norteamericanos y el grave problema cultural creado por la política de americanización impuesta por el gobierno de Estados Unidos, la cual impedía, por ejemplo, el uso del español como idioma de enseñanza.

Visto el nacionalismo en la acepción amplia del concepto; es decir, como toda afirmación positiva de la nacionalidad, todo además originado en el pueblo tendiente a acusar un perfil propio, toda obra literaria o artística que contribuya a dotar a la comunidad de un sentido de identidad, o todo símbolo o gesto –en el campo político o inclusive religioso– que sirva para aglutinar los sentimientos de la colectividad y darle un sentido de pertenencia; visto así, repito, habría que admitir sin reparos de tipo alguno lo que afirmamos al principio de este ensayo: que el nacionalismo fue uno de los sentimientos más profundos que experimentó la sociedad puertorriqueña en los años treinta. En ese sentido, nacionalismo fue la espontánea acción de cientos de maestros y estudiantes durante los meses de abril y mayo de 1936 de arriar la bandera norteamericana y sustituirla por la puertorriqueña en el asta de decenas de escuelas, alcaldías y edificios públicos a lo largo y a lo ancho de toda la isla; nacionalismo fue el valiente gesto del principal de la Escuela Superior de Ponce, Mariano Villaronga, quien luego sería Secretario de Instrucción bajo el PPD, al negarse a los requerimientos de la policía para que bajara del asta la bandera monoestrellada; nacionalismo fue la ardorosa defensa que hizo del uso del idioma español como vehículo de enseñanza en la Escuela Superior Central la maestra Inés Mendoza, aún no de Muñoz, lo que provocó su expulsión del sistema de instrucción en 1937; nacionalismo fueron los diversos artículos históricos que publicó en la prensa de los años treinta Roberto H. Todd –de conocida tendencia anexionista– sobre el origen de la bandera y el himno puertorriqueños; nacionalismo fueron las excepcionales composiciones musicales de Rafael Hernández, sobre todo "Lamento Borincano" (1929) y "Preciosa" (1937), que se convirtieron en las melodías predilectas de los puertorriqueños, justamente porque a través de ellas percibieron mejor su destino de pueblo; nacionalismo fue toda la copiosa obra literaria de escritores como Emilio S. Belaval, Tomás Blanco, Juan Antonio Corretjer, Luis Palés Matos, Antonio S. Pedreira, Evaristo Rivera Chevremont, y otros de esa misma generación abocados, con gran sentido de responsabilidad, a la búsqueda intelectual de la personalidad y el ser puertorriqueños en sus ensayos, novelas y poesías. Estas y muchas otras más fueron las diversas manifestaciones de nacionalismo que conoció la sociedad puertorriqueña en los años treinta.

Lo que aquí nos proponemos hacer es examinar algunas de las manifestaciones más importantes de ese sentimiento nacionalista. Señalar a los grupos, individuos e instituciones que se identificaron con él y los medios a través de los cuales lo promovieron; y, finalmente, destacar determinados símbolos o elementos constitutivos de la nacionalidad que fueron adoptados. Reconozco que la complejidad del tema requiere un trato más profundo y detallado del que podemos darle en el marco de este trabajo. Aun así, y contando con la benevolencia del lector severo, he creído conveniente traer ante la consideración de los lectores algunas ideas que considero plausibles, en el ánimo de continuar el examen de un problema histórico en torno al cual han surgido últimamente estimulantes trabajos.[1]

Hecha ya la anterior aclaración metodológica creo llegado el momento de plantear una de las principales tesis en relación al tema que aquí nos ocupa: si bien el nacionalismo fue un sentimiento compartido por muchos grupos de la

---

[1] Me refiero sobre todo a los siguientes trabajos: María Elena Rodríguez Castro, "Tradición y modernidad: el intelectual puertorriqueño ante la década del treinta" en *Op. Cit. Boletín del Centro de Investigaciones Históricas*, Núm. 3, 1987-88, San Juan, pp. 45-65; y el ensayo introductorio de Arcadio Díaz Quiñones que aparece en Tomás Blanco, *El prejuicio racial en Puerto Rico* (Río Piedras: Huracán, 1985).

sociedad puertorriqueña en los años treinta, el sector que con más insistencia predicó el mismo fue la élite intelectual del país, a la cual le correspondió desempeñar en ese período un papel de considerable importancia, no sólo en el plano cultural, sino también en el plano político.

Es de rigor señalar que al hablar aquí de élite intelectual estamos haciendo referencia a los más prominentes entre los abogados, médicos, normalistas, periodistas, profesores, estudiantes universitarios y demás sectores vinculados directamente con el quehacer cultural y el mundo letrado. Quizás sería más preciso catalogarlos como una *intelligentsia*, por cuanto el vocablo ruso implica a todos aquellos inmersos en el campo del conocimiento y las letras capaces de sentar pautas o paradigmas dentro de una sociedad.

Su carácter de élite venía dado por una serie de rasgos sociales visibles: su naturaleza de grupo urbano, culto, blancos en su inmensa mayoría y de ascendencia hispánica inmediata en muchos de los casos. Si tomamos en cuenta que el Puerto Rico de los años treinta era un país en donde la población urbana alcanzaba apenas un 30 por ciento de la población total, que acusaba una tasa de analfabetismo oficial de cerca del 40 por ciento, con tan sólo un 39 por ciento de los jóvenes en edad escolar (5-20 años) asistiendo a la misma, un país donde abogados, bibliotecarios, catedráticos universitarios, escritores y periodistas sumaban escasamente unas 913 personas dentro de una población total de 1,723,534 (los maestros sumaban unos 6,721)[2] y en donde la propia Universidad de Puerto Rico era un recinto sumamente exclusivo, cuya matrícula osciló entre los dos mil y tres mil estudiantes en esa década; habría que reconocer que esta intelectualidad constituía, en efecto, una élite social. Vale decir, una minoría

---

[2] Las cifras fueron tomadas de: Puerto Rico Reconstruction Administration, *Census of Puerto Rico, 1935*, Bulletin No. 1 y No. 2, Government Printing Office, Washington, 1937, pp. 2, 12 (tabla 13), 14 (tabla 15), 51 (tabla 44).

selecta y privilegiada que hizo de la cultura, el conocimiento, las letras y la política su campo de acción exclusivo. Esta "intelligentsia" demostró, además, tener un genuino interés por tomar en sus manos el destino del país, como lo demuestra lo acontecido en Puerto Rico a partir de 1940.

Queremos insistir un poco en lo relativo a las características sociales de esta élite intelectual puertorriqueña que la dotaban de una coherencia de grupo. A casi todos sus miembros los distinguía su condición de residentes de la urbe sanjuanera, donde estaban localizados el Ateneo, el Casino, la Casa de España, el Teatro Municipal (hoy Tapia), la Universidad, las principales imprentas, empresas periodísticas, estaciones de radio (que eran sólo dos); en fin, toda la amplia gama de instituciones que les daban sentido de pertenencia y, sobre todo, proyección social. En el caso de los abogados hemos podido comprobar –mediante el examen de los directorios profesionales de la prensa de esa década– que casi todos tenían su bufete en el casco de San Juan. Aunque un número considerable de los abogados no participaba activamente en la política partidista, aquéllos que sí lo hacían militaron en su casi totalidad en el Partido Liberal o en el Partido Nacionalista e incluso algunos (v.g., Vicente Géigel Polanco, Samuel R. Quiñones y José S. Alegría) formaron parte de ambas colectividades.

Además, hemos podido constatar que entre un número de ellos existía una gama de lazos de parentesco que afianzaba más su afinidad de grupo social. La siguiente relación de nombres ilustra nuestra afirmación:

a) Luis F. Velázquez / Luis Muñoz Marín
b) Jaime Benítez Rexach / Félix Benítez Rexach
c) Antonio Buscaglia / Rafael Buscaglia
d) Juan Antonio Corretjer / Antonio Corretjer
e) Teófilo Villavicencio / Felisa Rincón de Gautier

Luis F. Velázquez fue tesorero del Partido Nacionalista en 1935 y uno de los líderes arrestados junto a Albizu Campos en 1936. Su padre, Luis Ramón Velázquez, asistió como delegado a la asamblea constituyente del Partido Autonomista en 1887, fungió como secretario de actas de dicha entidad, respaldó decididamente el pacto con Sagasta y estableció una relación estrecha con Luis Muñoz Rivera, reforzada por vínculos de compadrazgo: los padres de Luis F. Velázquez y Luis Muñoz Marín eran compadres.

Jaime Benítez, abogado, profesor en la Universidad de Puerto Rico, destacada figura del ala independentista del Partido Liberal y fundador del Frente Unido Pro Constitución de la República en 1936, fue una de las personas que más solidaridad mostró hacia el liderato nacionalista a raíz de su arresto ese mismo año. Félix Benítez Rexach, ingeniero, propietario del Escambrón Beach Club y primo de Jaime, era conocido por sus tendencias nacionalistas y por la estrecha amistad que siempre guardó con Albizu Campos.

Antonio Bucaglia, oriundo de Ponce, estuvo ligado a la Junta nacionalista de esa ciudad y en 1938 fue sentenciado a 10 años de prisión por, supuestamente, encabezar una célula clandestina responsable de varios actos dinamiteros allí. En cambio, su hermano menor, Rafael, tuvo un desempeño político menos desventurado: a mediados de los treinta fue miembro de la distinguida fraternidad Lambda, hizo carrera de abogado, estuvo junto a Luis Muñoz Marín en la fundación de Acción Social Independentista y, ya en los cuarenta, sirvió de asesor durante la gobernación de este último.

Juan Antonio Corretjer fue, sin duda, uno de los más destacados, consecuentes y sacrificados líderes del Partido Nacionalista en los años treinta. Se desempeñó como su secretario general a partir de diciembre de 1935 y fue sentenciado a 10 años de cárcel junto a Albizu Campos en 1936 como consecuencia de sus actividades políticas. Su primo, Antonio Corretjer hijo, mayor que él y proveniente del mismo núcleo familiar cialeño, se hizo de una impresionante carrera en el campo de las ciencias en Estados Unidos y, ya en Ponce, se convirtió en un prestigioso líder cívico, sin que por ello dejara de proclamarse públicamente como independentista y "partidario del rescate de nuestra tierra por los puertorriqueños". Fue Teniente de la reserva naval, miembro del cuerpo consular, venerable maestro de la Logia Aurora y presidente del Partido Liberal en Ponce. El independentismo que profesaba el señor Antonio, claro está, era mucho más moderado y menos comprometido que el de su primo Juan; fenómeno que se repitió en las familias Benítez y Buscaglia.

Teófilo Villavicencio fue uno de los jóvenes que participó junto a Albizu en el asalto al Capitolio en abril de 1932, presidió la Junta Nacionalista de Santurce en 1934 y posteriormente colaboró en la fundación de la Confederación General de Trabajadores; su prima Felisa Rincón estuvo ligada desde principios de los treinta a la directiva del Partido Liberal, luego al grupo de disidentes liberales que se agruparon con Muñoz Marín en Acción Social Independentista, e incluso llegó a participar en uno de los Congresos Pro Independencia.[3]

---

[3] La información sobre estas personalidades la obtuvimos de diversas fuentes: para a) entrevistas grabadas con Julio H. Velázquez (hijo de Luis F. Velázquez y nieto de Luis R. Velázquez) 15 de diciembre de 1985 y 1 de junio de 1986; para b) entrevista con Jaime Benítez Rexach; para c) entrevista con José Buscaglia (hijo de Rafael Buscaglia), Censo de 1910 (municipio de Ponce, carrete 1774, hoja 43, distrito 623, Bo. Segundo, calle Sol), e información aparecida en *El Imparcial* del 10 de agosto de 1937, pp. 1, 3, 28 y 29; para d) Censo 1910 (municipio Ciales, carrete 1763, hoja 17, distrito 167, calle Sol y hoja 30, distrito 167, calle Victoria) y Luis Fortuño, *Álbum histórico de Ponce*, Ponce, 1963, p. 259; para e) entrevista grabada con Teófilo Villavicencio, 10 de agosto de 1987. El censo de 1910 se encuentra microfilmado en el Centro de Investigaciones Históricas de la Universidad de Puerto Rico. También es útil el índice onomástico de *Historia de los partidos políticos puertorriqueños 1898-1956*, 2 tomos (San Juan: Editorial Campos, 1972) de Bolívar Pagán.

La anterior relación sirve para avalar en parte nuestra aseveración de que se trata de una élite intelectual unificada tanto por factores de índole sociológica como por lazos fraternales y de compadrazgo. El hecho de que los miembros de esa élite expresaran su nacionalismo a través de medios políticos distintos (v.g., militando algunos en el Partido Nacionalista, mientras otros lo hacían en el Partido Liberal, Acción Social Independentista o en los Congresos Pro Independencia) no obvia el que todos provenían de un mismo círculo social y familiar.

Esto no debe dar pie a la impresión de que este grupo de intelectuales constituía un bloque homogéneo y sólido. Poseía, sí, una serie de rasgos comunes, pero también exhibía una serie de notables diferencias de naturaleza social y étnica que se asoman como grietas visibles al interior del bloque. Daré algunos ejemplos. La inmensa mayoría de estos señores eran blancos; algunos, como José S. Alegría (director en los treinta de la revista *Puerto Rico Ilustrado*), figuraron en la directiva de organizaciones como el Casino de Puerto Rico, donde la presencia de un negro era un evento muy raro. Sin embargo, dentro de esa misma élite intelectual, figuraron negros y mulatos, como Pedro Albizu Campos y Ernesto Ramos Antonini, quienes por su condición de abogados, universitarios destacados, y oradores sobresalientes eran aceptados en los círculos togados, en el Ateneo y en el paraninfo de la Universidad. De igual manera, un nutrido grupo de ellos era oriundo de San Juan, nacidos y criados allí: Tomás Blanco, Luis Muñoz Marín, y Antonio J. Colorado, entre otros. No obstante, otros procedían de los municipios del interior montañoso y cafetalero que quedaron postrados económicamente a raíz de la penetración del capitalismo norteamericano, lo que obligó a muchos a tomar la ruta migratoria hacia la capital en busca de mejores perspectivas de vida. Tal fue el caso de Juan Antonio Corretjer, Clemente Soto Vélez, Antonio Pacheco Padró y Manuel Rivera Matos. Los cuatro laboraron como periodistas en San Juan y militaron en el Partido Nacionalista a principios de los treinta.

Además de estos factores de naturaleza sociológica, esta élite intelectual se dividió a raíz de acontecimientos y concepciones de naturaleza política que provocaron no pocos realineamientos y pugnas en su interior. Uno de esos acontecimientos que evidenció la falta de unidad total de propósitos e ideas a nivel político fue la proclamación de la República (1931) y el posterior estallido de la guerra civil en España en el verano de 1936. A raíz de los trágicos sucesos en España, un grupo no poco considerable de abogados, poetas y periodistas puertorriqueños manifestó abiertamente sus simpatías primero por Alfonso XIII y luego por el ejército nacionalista de Franco, mientras que otro sector de esa misma intelectualidad puertorriqueña –aparentemente más numeroso y compuesto sobre todo por los más jóvenes– hizo suya la causa republicana. Más adelante tendremos la oportunidad de volver sobre éste y otros *différends* que se manifestaron en el seno de dicha intelectualidad.

Por ahora, nos interesa destacar y examinar el proyecto común que aglutinó sus voluntades y el propósito en torno al cual coincidieron y adquirieron afinidad como grupo intelectual: la búsqueda de los rasgos definitorios y los elementos constitutivos de la cultura y nacionalidad puertorriqueña.

Como ha sido señalado ya por algunos estudiosos del período, el debate en torno a la esencia de la puertorriqueñidad –el "qué somos" y "cómo somos" que tanto inquietó a dicha generación– comenzó a ventilarse en las páginas de la revista literaria *Indice*, en los primeros años de la década del 1930.[4] A partir de ese momento las plumas y mentes más

---

[4] Juan Flores, *Insularismo e ideología burguesa en Pedreira* (La Habana: Casa Las Américas, 1979) y Carmen I. Marxuach, "Evaristo Rivera Chevremont ante la encrucijada cultural de una época" en la *Revista del*

46

privilegiadas del país desplegaron un genuino esfuerzo por crear un marco explicativo del "alma puertorriqueña". Lo hicieron de la única forma que podía hacerlo un grupo intelectual que se concebía como portavoz privilegiado de la nacionalidad, consciente de su misión como organizadores de una "cultura nacional" amenazada por la presencia norteamericana: mediante una copiosa producción literaria que abarcó miles de páginas de ensayos, cuentos, poesías y artículos periodísticos, y mediante la articulación de un discurso cultural que se dejó escuchar en los mítines políticos, los salones del Ateneo, en la Universidad y en otras instituciones culturales creadas por ellos mismos.

Ha sido el examen particular de buena parte de esa producción literaria treintista y del discurso que le acompañó lo que nos ha permitido visualizar, no sólo la reveladora afinidad ideológica que había entre muchos de los miembros de la generación, sino el hecho de que este debate sirvió de pretexto para la elaboración de un proyecto bastante coherente sobre la nación puertorriqueña, su proceso de formación histórica y el derrotero que debía seguir. Todo esto, claro está, desde la perspectiva e intereses particulares de la élite intelectual que le dio vida y sentido al mismo.

El punto de partida en este análisis es el llamado hispanismo que con tanto entusiasmo cultivaron en sus escritos y discursos la casi totalidad del sector. Inmersos en la urgente tarea de definir los parámetros de la identidad puertorriqueña, deseosos por dotar a su pueblo de una conciencia clara de su origen histórico, los miembros más autorizados de la élite intelectual creyeron encontrar en el elemento español, europeo y occidental la piedra angular sobre la cual se sostenía la nacionalidad. Frente al incontenible oleaje de influen-

Centro de Estudios Avanzados, Núm. 2, enero-junio 1986, San Juan, pp. 125-136.

cias "exóticas" provenientes del norte anglosajón, protestante y utilitarista, este sector adoptó una postura hispanista que concebía la tradición ibérica, el castellano y, en muchos casos, el catolicismo, como valores inherentes a la puertorriqueñidad. Para ellos la defensa de lo criollo y de la puertorriqueñidad implicaba la defensa de todo aquello que había de peninsular, pues de la robustez de esto último se nutrían los primeros.

En su ensayo "Problemas de la cultura puertorriqueña" (1934), Emilio S. Belaval, abogado y presidente del Ateneo en los treinta, al trazar la génesis del tipo llamado puertorriqueño, la ubicó en la hacienda decimonónica y en el hombre blanco europeo:

> La génesis de nuestra psicología rural está en la desaparecida hacienda puertorriqueña (...) En ella vivió, nuestro hombre blanco europeo, en ella comenzó la estructura de nuestra vida rural, en ella se creó el tipo criollo que hoy se llama puertorriqueño.[5]

Gracias a las investigaciones históricas realizadas por Laird Bergad y Francisco Scarano, hoy día sabemos que, en efecto, la denominada hacienda "puertorriqueña" creada durante el siglo XIX estuvo habitada, inicial y mayoritariamente, por inmigrantes asturianos, catalanes, corsos, irlandeses, mallorquines y hasta realistas venezolanos, quienes se encargaron de iniciar el cultivo comercial de la caña y el café. En ese sentido hay que admitir que Belaval no estaba del todo equivocado al creer ver en el hacendado europeo y blanco el germen de la puertorriqueñidad. En todo caso, la objeción que se le puede hacer a su planteamiento es que no sólo en las haciendas se cobijó la población de ese período,

---

[5] Emilio S. Belaval, *Problemas de la cultura puertorriqueña* (Río Piedras: Editorial Cultural, 1977), p. 40.

sino también en bohíos, chozas y barracones, donde residieron precariamente campesinos analfabetas, mulatos libres y negros esclavos. Pero claro está, la perspectiva adoptada por Belaval no tomaba en cuenta, o en todo caso subestimaba, el papel que desempeñaron estos otros grupos en la formación de la puertorriqueñidad.

En ese mismo trabajo, Belaval insiste en llamar la atención sobre la vitalidad que mantiene el elemento español dentro de la sociedad insular y no oculta su entusiasmo por ello:

> No nos debemos asustar de decir a esta hora, en que ya tenemos pujos de criollismo innato o de proyección estadual norteamericana, de que a pesar de todos los vaivenes de la historia, *somos españoles hasta los huesos*, y esta vez, nuestro españolismo tiene más espontaneidad, más vigor y más futuridad que en ningún momento anterior de nuestra historia.[6] (énfasis añadido)

Un planteamiento muy similar al de Belaval lo observamos en el siguiente fragmento de un discurso pronunciado en el Teatro Municipal de San Juan por Antonio J. Colorado en junio de 1931, con motivo de la celebración del establecimiento de la República Española en abril de ese mismo año. Colorado –nacido en Puerto Rico– era en esos momentos uno de los estudiantes más sobresalientes de la Universidad, periodista ágil, orador en la tribuna del Partido Nacionalista y, eventualmente, llegaría a ser uno de los ideólogos principales del Partido Popular Democrático. También, al igual que Belaval, formaba parte del aludido sector intelectual que había puesto en marcha un ingente esfuerzo mental tendiente a definir la esencia del "alma puertorriqueña". Citamos:

---

[6] *Ibid.*, p. 55.

Nosotros somos españoles; y esto es necesario que se acepte como realidad cuya validez está fuera de nuestro desear. Porque al así reconocerlo no estamos sino dando paso a una verdad cuya aceptación es nuestra más absoluta necesidad previa para esclarecer nuestro futuro, para fijar nuestra personalidad, para definir nuestras limitaciones y posibilidades. Pero eso no es todo: *somos españoles que por cuatro siglos hemos vivido en Puerto Rico,* en un Puerto Rico que por treinta años ha venido recibiendo los influjos de la nación norteamericana. (énfasis añadido)[7]

Esta concepción marcadamente hispana de la puertorriqueñidad, ese querer ver a Puerto Rico como una porción de España en el Caribe, se reitera constantemente, de una forma u otra, en los textos y discursos del período: desde el *Insularismo* de Pedreira hasta varios de los textos de Tomás Blanco. Ciertamente, para la élite intelectual puertorriqueña que se planteó la identidad como concepto y como problema, la fijación en el legado hispánico fue poco menos que unánime. Si bien hubo diferencias de matices, lo cierto es que casi todos concibieron el ingrediente hispánico como el basamento fundamental e indefectible de la puertorriqueñidad.

Es menester aclarar que este sentimiento "hispanófilo" no fue exclusivo de la década del treinta, por lo que no se le puede ver como un fenómeno atribuible a una generación específica. En realidad el hispanismo como sentimiento arraigado en el sector intelectual comenzó a cobrar forma durante los primeros decenios de este siglo, en la figura del insigne poeta y patriota José De Diego (1867-1918). Fue De Diego quien encabezó la lucha por la defensa del idioma castellano en Puerto Rico y en contra de la imposición del inglés como lengua de enseñanza en las escuelas. Fue De Diego también quien, amparándose en la singularidad y vi-

---

[7] *El Mundo,* 16 de junio de 1931, pp. 1 y 4.

talidad de la raza ibérica –que según él había mantenido íntegra su fisionomía histórica y su núcleo étnico a través de los siglos, a pesar de las numerosas invasiones que había sufrido–, postuló que Puerto Rico podría resistir la expansión del poderío anglosajón al estar nutrido por la savia civilizadora del país ibérico.[8] Como veremos más adelante, esta misma idea la repitió en 1933 Albizu Campos en uno de sus más célebres discursos.

Con todo, el sentimiento hispanista adquirió mayor fuerza en Puerto Rico a fines de los años veinte y principios de los treinta debido a razones coyunturales como las siguientes: el establecimiento del Departamento de Estudios Hispánicos en la Universidad de Puerto Rico en 1927, que facilitó la llegada a la isla de distinguidos intelectuales españoles como Fernado de los Ríos, Tomás Navarro y Juan Ramón Jiménez, entre otros. Estos señores ejercieron una poderosa influencia en la comunidad universitaria ya que por medio de ellos estudiantes y profesores puertorriqueños pudieron entrar en contacto con el nuevo renacimiento cultural que vivía España. La otra razón que abonó el terreno para que floreciera en Puerto Rico este intenso sentimiento de admiración hacia la cultura hispánica fue el considerable número de estudiantes puertorriqueños que realizaron sus estudios universitarios en España, donde el nuevo fermento liberal y democrático de la República tuvo que haber ejercido en ellos un atractivo enorme. Entre los que fueron a España a estudiar figuran Margot Arce, Antonio J. Colorado, Isabel Gutiérrez del Arroyo, Jorge Luis Porras Cruz y Salvador Tió.

El ejemplo más dramático de sentimiento hispanista lo ofrecieron en la década del treinta los principales líderes del Partido Nacionalista: Pedro Albizu Campos (1891-1865) y

---

[8] Véase su discurso "Puerto Rico ante el problema de la raza", en *Nuevas Campañas* (San Juan: Edit. Cordillera, 1974), pp. 433-488.

Juan Antonio Corretjer (1908-1983). Si bien se trataba en su caso de hombres muy enérgicos, dados a la acción política radical, con un nexo muy débil con lo que era el mundo de las revistas literarias, la academia y el Ateneo, por su calidad de abogados (Albizu) o periodistas (Corretjer) y además residentes en la urbe sanjuanera, ambos formaron parte de esa élite intelectual, que en su esfuerzo por proveerle al país de un sentido de pertenencia colectiva, abrazó con entusiasmo la perspectiva hispanista que concebía a la "Madre Patria" España como gestora de la nacionalidad puertorriqueña. Veamos el discurso que pronunció Albizu Campos el 12 de octubre de 1933, al cual ya hicimos referencia.[9]

La visión de España que se proyecta en este discurso es una glorificadora y tradicional. Albizu mantenía la convicción de que España era la "depositaria de la civilización cristiana" y la colocaba a la par con Grecia y la antigua Roma como las "penínsulas madres" de la civilización de Occidente. Albizu Campos exaltaba el papel de España en la historia moderna a la vez que no ocultaba su prejuicio hacia otros pueblos y civilizaciones. La grandeza que Albizu veía en España lo llevó a minimizar las aportaciones de los pueblos árabes a la historia y cultura española:

> Los sarracenos, contrario a todo lo que se ha dicho en la historia, contrario a la historia falsa empeñada en desacreditar la grandeza histórica de España, no trajeron a España ninguna civilización. ¿Qué civilización encontramos en Marruecos, en Tripoli, en Arabia? Muy poca, muy elemental, muy especializada. En cambio, España fue siempre foco de la civilización del mundo aun bajo el imperio de la media luna.

---

[9] Pedro Albizu Campos, *La conciencia nacional puertorriqueña* (México: Edit. Siglo XXI, 1979), pp. 191-218. Las citas de Albizu provienen de esta fuente.

Este balance favorable a la Madre Patria muestra hasta qué punto el marcado hispanismo de Albizu era capaz de inducirlo al menosprecio de aquello que fuese ajeno a lo que, según él, era la privilegiada raigambre española. Su visión era incluso hasta más obstinada que la postulada por De Diego, ya que este último al menos admitía que el núcleo étnico-social ibérico se vio "enriquecido y fortalecido con la transfusión arábiga", y reconocía el maravilloso legado arquitectónico de la civilización árabe en España.

Por razones obvias, Estados Unidos no podía pasar inadvertido en este discurso pronunciado por Albizu el 12 de octubre de 1933, en el cual las virtudes civilizadoras de España eran realzadas en contraposición a la de otros pueblos. Sorprenden los duros calificativos que emplea el líder nacionalista para caracterizar a los Estados Unidos: "pueblo salvaje", "orgía bárbara". Sorprenden por venir de una persona que, como él, había adquirido su formación académica en uno de los más prestigiados centros educativos de ese país: la Universidad de Harvard. Frente a la barbarie sajona, Albizu –siguiendo el argumento esbozado anteriormente por De Diego– invoca insistentemente la civilización española y el pasado hispánico de Puerto Rico para extraer de ambos la fuerza material y espiritual necesaria para su contienda. Los manes de Isabel la Católica y Cristóbal Colón se mantienen presentes durante su rememoración brindándole el imprescindible hálito de apoyo a quienes debían enfrentar ahora la invasión de un pueblo bárbaro. Aquí debemos abrir un corto paréntesis para señalar algo que, por lo significativo de la fecha, puede resultar de interés. El significado que Albizu Campos le atribuía a 1492 era unilateral español y religioso. Nunca se planteó concebir la fecha en el sentido que lo están haciendo hoy muchos historiadores e intelectuales latinoamericanos: como un encuentro entre civilizaciones de cuya síntesis nacieron los pueblos de este continente. Para

Albizu Campos la civilización sólo procedía de España: "No-sotros rendimos honores al pueblo que sentó la piedra mile-naria de la civilización en Puerto Rico".

Esta concepción del nacionalismo puertorriqueño de per-cibir su lucha como una entre la civilización hispana y la barbarie nórdica surge de los paralelos que Albizu Campos establece con la historia de España y del hecho de que Puerto Rico procedía del mismo tronco civilizador. Es justamente en ese inquebrantable vínculo creado por el descubrimiento entre la Madre Patria y las naciones americanas y en la mi-lenaria civilización cristiana que Albizu Campos busca su fortaleza y punto de apoyo. Es lo que lo lleva a insinuar en su discurso que, así como España había podido enfrentar exitosamente las invasiones que en el curso de varios siglos sufrió de parte de pueblos bárbaros –cartagineses, sarrace-nos, godos, visigodos–, Puerto Rico podría contener y triun-far sobre el vendaval norteamericano.

El enlace que los nacionalistas puertorriqueños estable-cieron entre su lucha y las hazañas épicas de la civilización ibérica se percibe con claridad en el siguiente artículo de Juan Antonio Corretjer:

"FRENTE AL INVASOR"

A fines del año de 1490 el poderío musulmán en Espa-ña se redujo a la ciudad y vega de Granada. 'Y a principios de 1491 los reyes pusieron sitio a la ciudad. Doña Isabel (La Católica) estimulaba con su presencia y sus exhortaciones, a los caballeros cristianos, a consumar proezas de valor personal. Durante muchos meses musulmanes y cristianos combatieron heróicamente, señalándose, entre otros, Hernán Pérez del Pulgar, llamado el de las hazañas, Gon-zalo de Córdova (el Gran Capitán), y los moros Muza y Tarfe. El campamento cristiano se incendió por accidente, pero el espíritu invencible de la reina erigió en su sitio una ciudad de piedra, que llamó Santa Fe en testimonio de la resolución de no moverse de allí hasta que Granada fuera suya.'

Citamos el relevante hecho histórico para entroncar el fugitivo momento a la perpetuidad inconmovible de nuestros valores raciales. No era el sitio de Granada afán de especulador expansionismo sino justa, fatal reconquista. De su toma pendía la unidad ibérica, y, como ésta, el destino del mundo. El momento puertorriqueño que en este momento está pasando encuentra fácil paralelismo dentro del marco circunstancial de la historia con el momento aquel en que la reina castellana ordena, sobre las pavesas de su campamento, la fundación de una ciudad frente a Granada.

Estamos en la hora de la reconquista. La demolición de nuestra patria reducida a cenizas por el fuego devorador del imperialismo extranjero, ordena que construyamos en piedra. (...)

Como la reina castellana, el Nacionalismo ha levantado su ciudad de piedra. ¡Hasta la capitulación definitiva, frente al invasor! Estamos otra vez frente a Granada. Otra vez pende, de la tenacidad, abnegación y valentía de la raza, la unidad ibérica y el destino de un mundo. Un mundo, el mundo nuestro, el mundo de Isabel La Católica –riesgos fronterizos del Río Bravo del Norte, bravuras de los Andes, Pampas soledosas de la inmensa Argentina– aguarda de nosotros su unidad y su gloria, el cumplimiento feliz del destino de que Ugarte nos habla.

Nosotros, frente al invasor, hemos levantado la ciudad de piedras.[10]

Llama la atención ver cómo, en esta declaración de índole patriótica, Juan Antonio Corretjer no menciona la gesta bolivariana y separatista de la América Latina ni deja oír un eco lejano de la acción de hombres como Ramón Emeterio Betances, Ruiz Belvis y otros independentistas puertorriqueños

---

[10] *El Mundo*, 18 de agosto de 1934, p. 14.

que en el siglo pasado habían iniciado, precisamente contra la España monárquica, esa lucha libertaria. La argumentación histórica en favor de la independencia de Puerto Rico la encuentra, no en la hazaña de Bolívar, San Martín o Eugenio María de Hostos, sino en el siglo XV español, en la Guerra de reconquista y en la proezas de Isabel la Católica, convertida en reina epónima del mundo hispanoamericano.

Tampoco podemos dejar de señalar que esa actitud hispanófila, identificada con los símbolos más tradicionales de España como la gesta colombina y los Reyes Católicos, acarreaba, las más de las veces, una actitud de abierto menosprecio hacia otras culturas como las judías y protestantes. Precisamente eso es lo que observamos en el siguiente artículo de Corretjer, donde su ardorosa defensa de la España tradicional encubre comentarios de connotación antisemita:

> La leyenda negra, levantada por la barbarie organizada contra España, no ha acabado, tiene que hacer todavía: no ha concluido el destino providencial de los pueblos hispánicos en el mundo. La leyenda negra tiene también sus sindicatos periodísticos en la judería yanki. La prensa hispanoamericana ha de estar muy alerta contra esta labor de solapado descrédito contra todo lo latino, sordo rencor que ha negado, bajo disfraz de un ciego fanatismo protestante, al católico don Cristóbal Colón la gloria del Descubrimiento...[11]

Lo anterior permite captar algunas de las paradojas, e incluso limitaciones, del hispanismo que fundamentaron los reclamos nacionalistas de nuestro país desde aproximadamente 1910 hasta 1940, cuando esa corriente dejó de ser hegemónica en el pensamiento político puertorriqueño. Si examinamos el contenido del pensamiento nacionalista de Pedro

---

[11] *La Correspondencia*, 14 de abril de 1934, p. 4.

Albizu y Juan Antonio Corretjer y lo comparamos, por ejemplo, con los escritos de Fray Servando Teresa de Mier, uno de los principales precursores del nacionalismo mexicano, el contraste es sumamente revelador. Mientras el nacionalismo puertorriqueño del primer tercio del siglo XX insistía en sus vínculos históricos con la tradición ibérica, exaltaba la ingente obra civilizadora de España en el Nuevo Mundo y se identificaba con las instituciones más tradicionales de aquel país como la monarquía y la Iglesia, Fray Servando Teresa de Mier, en su obra de principios del siglo XIX postulaba, en cambio, ideas como las siguientes: América no le debía a España la civilización, sino que, al contrario, fue esta última quien más se benefició del contacto con América, pues de las tierras del Nuevo Mundo salieron las plantas, los cultivos, la fauna, los metales preciosos, los nuevos conocimientos geográficos, el comercio y la riqueza que transformaron a España en una potencia mundial.[12] Incluso Teresa de Mier argumentó que los supuestos títulos de civilización y cultura de España encubrían serios actos de injusticia cometidos en el Nuevo Mundo, como podrían haber sido la monopolización del comercio y la minería en manos de peninsulares, las restricciones que impedían la entrada de los libros y nuevos conocimientos y la cruel sujeción de los indígenas.

El contraste entre estas dos formas de pensamiento nacionalista (la del mexicano Fray Servando Teresa de Mier y la de los puertorriqueños Albizu Campos y Juan Antonio Corretjer) es sugerente porque nos muestra, además, que mientras en muchos países de la América hispana se había originado desde principios del siglo XIX un discurso patriótico que resaltaba la originalidad de los pueblos americanos –en

---

[12] Enrique Florescano, "Fray Servando: orígenes del nacionalismo", en *La Jornada*, 17 de julio de 1988 (diario de México) y su obra *Memoria Mexicana* (México: Joaquín Mortiz, 1988).

este caso México–, y se fortalecía el sentido de colectividad y la necesidad de ruptura con España, en Puerto Rico la élite intelectual, llamada a concebir la idea de la nación, mantenía a la altura de 1930 fuertes ataduras culturales y mentales con España. ¿Cómo explicar esta actitud hispanista por parte de los intelectuales y líderes nacionalistas puertorriqueños? ¿Por qué esa insistencia en la búsqueda de parentesco con la Madre Patria? ¿Qué razones de orden social o histórico pueden arrojar luz sobre la disposición de Albizu y Corretjer a mirarse en el espejo de la tradición española, occidental y cristiana al momento de descubrir su propio rostro?

A manera de conclusión intentaremos ofrecer algunas respuestas tentativas. Lo primero que debe señalarse es que, si bien el llamado hispanismo fue una corriente de pensamiento común a casi toda esa élite intelectual (con muy pocas excepciones), no todos extrajeron de ella las mismas ideas y concepciones. Algunos hispanófilos en Puerto Rico mostraban un fuerte contenido autoritario en su discurso y admiraban los valores e instituciones más tradicionales de España, como la Iglesia Católica, la Monarquía y el orden jerárquico; tal fue el caso de Albizu Campos, Juan Antonio Corretjer, Trina Padilla de Sanz y los hermanos Salvador y Juan Augusto Perea, entre otros. En cambio, otros miembros de ese mismo bloque intelectual comulgaron con un hispanismo mucho más liberal, fundamentado en valores laicos y democráticos y orientado hacia las reformas sociales. Fue este sector el que recibió con entusiasmo el advenimiento de la República española en 1931.

Lo anterior explica porqué, a raíz del pronunciamiento franquista de julio de 1936, la élite intelectual, los partidos, la prensa y las instituciones culturales en Puerto Rico se escindieron en dos bandos que recrearon la profunda división que padecía la propia España. Fueron jóvenes como Antonio J. Colorado, Jaime Benítez, José A. Buitrago y José Toro Na-

58

zario los que se dieron a la tarea de organizar la agrupación pro defensa del Frente Popular Español y recabar ayuda material para el ejército republicano. A la par con ellos, personas como Margot Arce, Tomás Blanco y el doctor Ramón Lavandero iniciaron la publicación de una ágil revista para contrarrestar la propaganda franquista en la isla. El propio Tomás Blanco confrontó valientemente a la jerarquía católica por el apoyo directo que ésta le brindó a los españoles y puertorriqueños simpatizantes de Franco. La polémica pública que sostuvo Tomás Blanco con el obispo Byrne y con el padre Martin Bersten en *El Mundo* y *El Piloto* constituye sin duda alguna una de las páginas más aleccionadoras de acción intelectual honesta en favor de una causa democrática.[13]

Otro factor a tomar en cuenta para comprender adecuadamente la postura hispanista de toda esta generación, es que la misma no fue en modo alguno exclusiva de los puertorriqueños. Ya desde la década de los veinte, e incluso antes, se había iniciado entre muchos intelectuales y personas provenientes de las clases medias ilustradas en América Latina un fenómeno de *rapprochement* con la cultura hispánica, luego de la ruptura que sobrevino a raíz de las luchas de independencia y que en algunos casos se mantuvo durante todo el siglo XIX. Este reencuentro se vio alentado, entre otros factores, por la intervención cada vez más directa de Estados Unidos en dichos países. Ante el desmedido avance de la cultura protestante, capitalista y anglosajona, muchos creyeron encontrar en los valores y tradiciones hispánicos el necesario muro de contención. Así, por ejemplo, en México las clases alta y media-alta de profunda raigambre católica, vieron en la ancestral cultura hispánica su defensa no sólo contra la influencia norteamericana sino además con-

<hr>

[13] Véase "La Virgen de la Covadonga patrona de la morería" en *El Mundo,* 17 de septiembre de 1936, pp. 6-7.

tra el radicalismo y anticlericalismo de la Revolución mexicana. En la República Dominicana se dio un fenómeno similar luego de la intervención norteamericana (1916-1924), que se concretizó en el nombre de Isabel la Católica a una de las principales arterias de la capital y la visita de José Vasconcelos, a su vez uno de los promotores a nivel continental de ese reencuentro con la Madre Patria. En México se dio también la existencia de un hispanismo de corte netamente liberal, que tuvo su portavoz principal en la figura de Alfonso Reyes. Este llegó a afirmar en 1932 que veía la tierra mexicana como una "prolongación natural de España".[14]

Tomando en cuenta lo anterior, no creo que deba sorprendernos la firme exaltación de las raíces hispánicas de Puerto Rico que hicieron los más destacados portavoces del nacionalismo cultural y político. En todo caso hay que admitir que en Puerto Rico ese hispanismo debía tener un arraigo mucho más sólido por cuanto el vínculo con España duró hasta 1898, cosa que no ocurrió con el resto de América Latina.

El último elemento explicativo que deseamos traer a colación es quizás el más importante, puesto que nos ha permitido entender la auténtica raíz social y la originalidad del intenso reclamo hispanista en Puerto Rico.

En el curso de nuestra investigación hicimos un estudio prosopográfico preliminar que incluyó a algunas de las figuras más representativas de esta élite intelectual. Ahí descubrimos que su exaltación continua de la Madre Patria y su adhesión a las ideas y los valores (liberales o conservadores) hispánicos obedecían a razones sociales y hasta familiares. Muchos de ellos, si bien se consideraban auténticamente puertorriqueños, eran en realidad descendientes directos de

---

[14] M. Falcoff & F.B. Pike, *The Spanish Civil War, American Hemispheric Perspectives* (Lincoln: University of Nebraska Press, 1982), p. 52.

padres peninsulares y baleáricos que habían emigrado a Puerto Rico durante la segunda mitad del siglo XIX. Sus progenitores habían formado parte de la antigua élite española que ocupó las posiciones de privilegio y poder en Puerto Rico hasta 1898: oficiales militares, profesionales, comerciantes mayoristas, etc.

Menciono a continuación algunos nombres con la información recopilada hasta ahora. José de Diego, cuyo padre era inmigrante asturiano; Antonio R. Barceló, el patriarca de los políticos criollos en los años veinte y treinta y líder del principal partido político, era descendiente directo de mallorquines; los padres de Antonio J. Colorado y José S. Alegría fueron, respectivamente, Rafael Colorado, teniente del ejército español, y Cruz Alegría Arizmendi, capitán de exentos y miembro del Partido Español Sin Condiciones; en el caso de Emilio S. Belaval, su padre, Ricardo Sastreño Belaval, fue un actor viajero y perito mercantil natural de la Coruña que se estableció en Puerto Rico en la década de 1880; el padre de Tomás Blanco, José Blanco González, era español, presumiblemente asturiano, avecindado en San Juan como farmacéutico para la misma fecha. Otros, en cambio, encontraban su ascendencia española a través de sus abuelos: José Coll Cuchí, nieto de Franciso Coll Bassa, catalán y comerciante de Arecibo.

La anterior relación nos permite plantear, a manera de conclusión plausible, que la visión y el proyecto de una nacionalidad, fundamentada en un acendrado hispanismo que todos ellos de una forma u otra adoptaron, respondió al hecho de que muchos eran los sucesores de la antigua élite española desplazada del poder por los norteamericanos. Como sucesores de esa élite se encargaron de exaltar el mundo y los valores de sus padres y abuelos, a la vez que articular un proyecto para justificar su propia situación social.

María Elena Rodríguez Castro

Foro de 1940:
Las pasiones y los intereses se dan la mano

> *No te tiendo la mano. Te ordeno que me tiendas la tuya. No te propongo una reconciliación. Únicamente un simulacro de transitoria identificación.*
>
> Augusto Roa Bastos
> *Yo El Supremo*

La reflexión que dominó la historia cultural de la década recién clausurada de los ochenta focalizó, preferentemente, lo que se podría llamar el discurso de la crisis, tanto estructural como de legitimación.[1] Dos décadas –la del treinta y la del setenta– se identificaron como puntales de una serie cultural y social cuya trama central desenredaba los hilos del paso de una sociedad tradicional –rural y agrícola– a una sociedad moderna, urbana e industrializada.[2] En esos polos

---

[1]   Para una exposición muy útil de los diversos acercamientos en los estudios culturales que enfocan la relación entre los textos, la cultura y la historia ver *The New Cultural History*, ed. de Lynn Hunt (Los Angeles: University of California Press, 1989). Sobre la narratividad de los textos históricos son ya clásicos los trabajos de Hayden White, sobre todo los incluidos en *Tropics of Discourse* (Baltimore: John Hopkins, 1978).

[2]   Cabe señalar, como argumenta S.N. Eisendstadt, que entre ambas, sociedad moderna y tradicional, la relación no es excluyente como sugieren las propiedades que generalmente se le asocian; por ejemplo, estatismo vs. movilidad; homogeneidad vs. heterogeneidad. También advierte la importancia de la tradición en las sociedades modernas

se colocó, también, una polémica que oponía, a las viejas versiones de lo nacional, nuevas versiones que establecían sus analogías y divergencias. Concurrentemente, artículos y ponencias de estudiosos de la cultura como Arcadio Díaz Quiñones y Juan Gelpí, entre otros, consolidaron una bibliografía ya indispensable sobre el tema.[3]

Este trabajo se coloca en el interregno de esas zonas de ruptura y cambio. Se pregunta por el relato, o los relatos, que inician lo que se pueden llamar las décadas de la normalización. También, por los agentes e instituciones culturales que intervinieron en ese proceso y por la tensa y frágil relación que sostuvieron con el Estado.

El ámbito de dicha reflexión, enunciada ya en los ensayos críticos sobre la crisis, excede los límites de este trabajo. He preferido, entonces, recortar una escena del amplio y complejo panorama de los primeros años de la década del cuarenta. Me refiero a *Foro de 1940: Problemas de la cultura puertorriqueña*, una recopilación de ponencias prologada por Vicente Géigel Polanco y publicada en 1976.

"...even in its most modern sectors, be it 'rational' economic activity, science or technology. Tradition was seen not simply as an obstacle to change but as an essential framework for creativity". En "Intellectuals and Tradition", *Daedalus* (Spring 1972), pp. 21-34.

[3] Ver de Díaz Quiñones, *El almuerzo en la hierba (Lloréns Torres, Palés Matos, René Marqués)* (Río Piedras: Edics. Huracán, 1982); "Recordando el futuro imaginario" en *Sin Nombre*, Vol. XIV, #3 (abril-junio 1984), pp. 16-35 y "Tomás Blanco, historia, racismo y esclavitud" en Tomás Blanco, *El prejuicio racial en Puerto Rico* (Río Piedras: Edics. Huracán, 1985). Ver de Juan Gelpí "Desorden frente a purismo: La nueva narrativa frente a René Marqués" en *Literatures in Transition: The Many Voices of the Caribbean Area*, Rose Minc, ed. (Gaithersburg: Montclair State College & Edics. Hispamérica, 1982), pp. 177-187; "El clásico y la reescritura: *Insularismo* en las páginas de *La guaracha del Macho Camacho*", (a publicarse en *Revista Iberoamericana*, diciembre de 1991).

¿Por qué el *Foro*? Varias razones concurren. Se ha cerra-
do la década del treinta y con ello un intenso período de
desplazamientos, transformaciones, reorientaciones y emergencia de actores, situaciones, e instituciones sociales y culturales. Nos encontramos en un nuevo contexto que anuncia
el fin de la crisis y auspicia e, inclusive, celebra la producción
y recepción de nuevos discursos culturales y políticos. Un
contexto cuya aura utópica se desvanecerá prontamente
para los intelectuales tradicionales con el paso de las reformas y el sentimiento nacional a la sociedad industrial, racio-
nalista y tecnológica de fines de la década.[4] El *Foro* permite,
por lo tanto, reconstituir un momento poco atendido de ese
proceso. Su composición y el repertorio de ponencias es en
sí mismo elocuente. Reunió tanto a intelectuales tradicionales como a intelectuales orgánicos a grupos sociales emergentes, ligados a la burguesía urbana en ascenso.[5] Esa conjun-

---

[4] En el orden discursivo es el paso, por ejemplo, de textos urgentes
como "El catecismo del pueblo" (1940) de Luis Muñoz Marín, un resu-
men del nuevo credo social de reinvindicaciones sociales y políticas del
programa electoral, el cual educaba al pueblo en sus derechos y deberes
y *El despertar de un pueblo* (1942) de Vicente Géigel Polanco, que lo mo-
vilizaba, a los discursos de finales de década. Así, por ejemplo, en 1948
Muñoz abandonaba el tono redentorista con que había investido su ponencia en el Foro a favor del tono económico más afín al nuevo marco
jurídico-político de la colonia: "Las palabras del pueblo no son sagrado,
apóstata, hereje, traidor. Las palabras del pueblo son crear, agregar, cons-
truir, crecer, producir, distribuir, hacer, industrializar". De "Discurso de
Luis Muñoz Marín en conmemoración del día de Muñoz Rivera en 1948"
en Reece B. Bothwell, *Puerto Rico: Cien años de lucha política*, Vol. III (Río
Piedras: Edit. Universitaria, 1979), p. 541. Sobre el modo en que esos
cambios reorientan la ideología y la práctica intelectual ver de Díaz
Quiñones "Tomás Blanco: la reinvención de la tradición" en *Op. Cit.*,
*Boletín del Centro de Investigaciones Históricas de la Universidad de Puerto
Rico*, #4 (1988-89), pp. 147-182.

[5] Sobre la distinción entre intelectuales tradicionales y orgánicos ver
de Antonio Gramsci, *La formación de los intelectuales* (México: Edit.
Grijalbo, 1967).

ción entre lo viejo y lo nuevo –tradición y modernidad– se reproduce, también, en la variedad de asuntos tratados: económicos, religiosos, políticos, culturales, pedagógicos, científicos, etc.[6] Inclusive se puede leer el *Foro* como el intento de cumplir lo que había sido un imperativo del discurso treintista: un intento de explicación y armonización de la suma de la experiencia social.

Advierto, sin embargo, que ningún texto o discurso cultural puede en sí mismo sustituir o dar cuenta exacta de la dinámica y complejidad de los procesos históricos y viceversa. Se trata más bien, de la interpelación e interacción entre la ciudad letrada –constructora de símbolos–, y la ciudad real –sede de la experiencia social.[7] De ahí que el *Foro* funcione en este ensayo como campo de despegue para la reflexión de debates y textos que lo exceden. Mi lectura aspira, más bien, a reconstituir un diálogo en el cual el *Foro* puede verse como una figura fronteriza entre el discurso contestatario de la crisis y el discurso normalizador del poder. En esa lectura me interesa destacar los siguientes aspectos: qué sector

---

[6] Ofrezco un muestrario: Antonio Fernós Isern, "Población y cultura"; Rev. Miguel A. Valentine, "La iglesia protestante"; Martín López Sanabria, "La geología, la minerología y la minería"; María Teresa Babín, "¿Existe una filosofía educativa en Puerto Rico?"; Margot Arce, "La misión de la Universidad"; Muna Lee de Muñoz Marín, "Relaciones culturales de Puerto Rico con los Estados Unidos".

[7] Sobre la "textualidad" de lo real en los debates intelectuales latinoamericanos ver de Angel Rama, *La ciudad letrada* (New Hamphire: Edics. del Norte, 1984). Por otro lado, la "mundanidad" de los textos es central en los estudios de Edward Said: "My position is that texts are wordly, to some degree they are events, and, even when they appear to deny it, they are nevertheless a part of the social world, human life, and of course, of the historical moments in which they are located and interpreted". De "Secular Criticism" en *The World, the Text and the Critic* (Cambridge: Harvard University Press, 1983), p. 4.

e instituciones del campo intelectual puertorriqueño de la época están representados en el *Foro*, cuál es el diseño nacional que proponen, qué función desempeña el eje discursivo cultura/democracia en ese proceso y cómo la propuesta educativa es uno de los modos resolutivos de agilizar la constitución nacional. Concluyo, finalmente, distanciándome de ese relato de unidad y apuntalando las diferencias con un breve comentario sobre los focos de disensión que lo amenazan interna y externamente.

I. De ideología cultural a política pública

El Foro se celebró el 29 y 30 de junio de 1940, meses antes de las elecciones generales de las cuales saldría victorioso el recién creado Partido Popular Democrático. El país cambiaba y el mundo también.[8] Con la invasión de Polonia por Alemania en el 1939, y la declaración de guerra de Francia e Inglaterra, la Segunda Guerra Mundial comenzaba. En consecuencia, y aunque no es hasta 1941 que Estados Unidos

---

[8] Para una discusión sobre la relación entre los cambios de política y economía en la metrópoli y en la colonia durante la primera mitad de siglo ver de José A. Punsoda, *Decentering Puerto Rico: The Industrial Decentralization Policy* (Tesis doctoral: Rutgers University, 1990). Sobre el marco insular ver J.J. Baldrich, *Class and the State: The Origins of Populism in Puerto Rico, 1934-52* (Tesis doctoral: New Haven, 1981); Emilio González, "La lucha de clases y la política en Puerto Rico de la década del cuarenta", *Revista de Ciencias Sociales*, vol. XXII, núm. 1-2 (marzo-junio 1980); Emilio Pantojas, "Estrategias de desarrollo y contradicciones ideológicas en Puerto Rico", *Revista de Ciencias Sociales*, vol. XXI, núm. 1-2 (marzo-junio 1973); Angel Quintero, "La base social de la transformación ideológica del Partido Popular en la década del '40" en *Cambio y desarrollo en Puerto Rico*, ed. Gerardo Navas (Río Piedras: Edit. de la UPR, 1985). Para el marco latinoamericano ver de Mabel Moraña, *Literatura y cultura nacional en Hispanoamérica (1910-1940)* (Minnesota: Institute for Ideologies and Literatures, 1984).

interviene abiertamente, la actividad bélica generó la demanda que sacaría finalmente la economía norteamericana de los efectos de la Gran Depresión. Además, el Nuevo Trato, bajo la figura de Franklin Delano Roosevelt, había prestigiado el modelo liberal que tan atractivo sería para el proyecto populista del PPD. Por otro lado, las economías latinoamericanas se subordinaban cada vez más al capitalismo central norteamericano, lo cual reorientaba la definición de las problemáticas nacionales. Concurrentemente, se propiciaba el desarrollo de una burguesía comercial y financiera, vinculada al capital extranjero, que sustituía a las oligarquías de base agraria e impulsaba el papel cada vez más protagónico de los sectores medios.

En el marco insular era el momento propicio para la puesta en marcha de un programa de justicia social que abarcara reformas agrarias, sindicales y educativas, entre otras. Su primer período, el que nos ocupa y que cubre de 1940 a 1947, se caracterizó por una política intervencionista del Estado, por el uso extendido de una retórica populista afín a dicha función paternalista y por un programa reformista que alternaba la reforma agraria con medidas conducentes a una industrialización progresiva. El Estado se presentaba como una figura de orden y contención, legislando y ejecutando en nombre de la democracia igualadora para todo el mundo, como prometiera Muñoz Marín en el *Foro de 1940*. Bajo el manto del bienestar común –la justicia social– y el enemigo común –las corporaciones azucareras– justificaba su naturaleza intervencionista y sus intereses particulares presentándose como la encarnación del pueblo o su poder. "Pan, tierra y libertad" era el lema vibrante que marcaba la marcha del pueblo en su trayectoria triunfal y en la cual, en un gesto típico del letrado que no vacila en apropiarse de la voz y la representación del otro, se le concedía engañosamente la trama de su destino. Pero, cuando en 1940 Muñoz se enfrenta a los letrados y les habla en su propia casa, el Ateneo, el tono y sus palabras se ajustan a las convenciones que regían el entramado culturalista. En ese momento me detengo.

El Ateneo, el "caserón solariego de la cultura patria" de los textos treintistas, abría sus puertas a los arquitectos del nuevo Puerto Rico. Su elección no podía ser más acertada. Se había fundado en 1876 como una entidad al servicio de las artes, las ciencias y las letras por Manuel de Elzaburu, José Julián Acosta, Alejandro Tapia y Rivera y Francisco del Valle Atiles, entre otros.[9] Desde ese momento sus avatares estarían estrechamente relacionados al pensamiento y a las acciones de los "hijos del país", como prefirió llamarse la élite criolla liberal. Así, por ejemplo, correlativo al descalabro general que significó para esa élite el cambio de soberanía a fin de siglo, para 1903 se propone la disolución del Ateneo aduciendo que la institución no era compatible con el nuevo orden, propuesta que no prosperó. Una crisis le sucede a la otra. En 1918, a la muerte de José de Diego, presidente del Ateneo, se produce una notable disminución en membresía y actividades. En 1927 uno de sus miembros más jóvenes, Vicente Géigel Polanco, se lamenta de la lucha de poder entre los "legítimos" y los "advenedizos" que intentan apropiarse de la dirección. En 1934, año de publicación de *Insularismo*, se inicia el desfile de los "ateneístas jóvenes a la presidencia". Se aduce que es la hora de salvar el Ateneo; en realidad es la hora de las instituciones.

---

[9] Sobre el Ateneo ver: Vicente Géigel Polanco, *Mis recuerdos del Ateneo* (San Juan: Biblioteca de Autores Puertorrriqueños, 1976); *Centenario de la fundación del Ateneo* (San Juan: Ateneo, 1976); Yamila Azize, *Dos revistas literarias de la década del Treinta: La Revista Bimestre Cubana y la Revista Ateneo Puertorriqueña* (Tesis doctoral inédita. Universidad de Pennsylvannia, 1980).

¿A qué me refiero? A estas alturas la constitución y el funcionamiento de las élites intelectuales se habían modificado sustancialmente. Había emergido un campo intelectual socialmente diferenciado como efecto del fenómeno más vasto de modernización del país y la consiguiente –y profunda– transformación de las relaciones sociales y económicas, acompañado por un importante proceso de urbanización. Se había completado el paso de las tardes de café, las bohemias y las revistas de vanguardia que caracterizaron la vida intelectual de las primeras décadas a la profesionalización del escritor y sus instituciones rectoras, fueran éstas la ensayística nacional del treinta o el fortalecimiento de las academias.[10] Tanto el Ateneo como la Universidad de Puerto Rico se habían recuperado preferentemente como lugar de cursos, seminarios y conferencias. Ambos eran, también, los focos centrales de confección e irradiación de una ideología cultural criolla que aspiraba a imponerse, no sólo como memoria nacional, sino también como un programa de acción y resistencia ante el latifundio azucarero y el agotamiento de la pequeña tenencia de tierras. Paralelamente, la Universidad ensayaba sus primeros reclamos autonómicos y, como ha señalado Isabel Picó, se distanciaba de la burocracia escolar y enfatizaba los estudios académicos y profesionales.[11] Mientras, el legado moral e intelectual de Antonio S. Pedreira,

---

[10] Sobre este tema ver de María Elena Rodríguez Castro, "Tradición y modernidad: el intelectual puertorriqueño ante la década del Treinta", *Op. Cit., Boletín del Centro de Investigaciones Históricas* #3 (1987-88), pp. 46-65; "Las casas del porvenir: *Insularismo* y *El país de cuatro pisos*" (a publicarse en *Revista Iberoamericana*, mayo 1992).

[11] Ver "Los orígenes del movimiento estudiantil universitario: 1903-1930" en *Revista de Ciencias Sociales*, Vol. 24, #1-2 (enero-junio 1985), pp. 35-76. Ver también de Jorge Rodríguez Beruff, "Antonio S. Pedreira, la Universidad y el proyecto populista" en *Revista de Administración Pública*, Vol. XVIII, #2 (marzo de 1986), pp. 5-33.

muerto en 1939, se imponía como el busto de Ariel en el salón de estudio de Próspero. El Ateneo se revitalizaba con los entonces jóvenes ideólogos y compañeros de generación de Pedreira, cuya evocación, en voz de Vicente Géigel Polanco, presidió los trabajos del Foro. Además, Pedreira, Géigel Polanco y Samuel R. Quiñones provenían de las filas de la Juventud Nacionalista del Partido Unión, habían integrado la junta editora de *Indice*, probablemente la revista más influyente del Treinta, y los últimos dos militaban ya en el Partido Popular Democrático.

Esa trayectoria sugiere la condición de un sector del campo intelectual puertorriqueño a principios de los cuarenta; advierto que no de su totalidad. Me refiero a aquellos que intervienen de modo más visible en la elaboración de la cultura política; en la confección de estructuras simbólicas y su legitimación como en la recepción de esas imágenes y el modo que afectan el imaginario y los patrones de conducta pública. Y lo cierto es que, a pesar de su control relativo del aparato cultural, esa élite estaba aún a la búsqueda de la legitimación de sus funciones dentro de la división del trabajo que caracterizaría la modernidad.[12] Esta tenía que adquirir cometidos aún más concretos. No bastaba ya ser depósito y guardián de los comienzos y misterios de la nación, no bastaba ser fundador de las tradiciones literarias e históricas de esa nación; se trataba del "derecho tutelar" que los criollos de vieja estirpe reclamaban sobre la conducción del país

---

[12] De acuerdo a Peter Bachrach "The concept of the elite is classificatory and descriptive, designating the holders of high positions in a given society. There are as many elites as there are values. Besides an elite of power (the political elite) there are elites of wealth, respect and knowledge (to name but a few). In democratic countries the political elite is recruited from a broad base. Elites in non democratic societies, on the contrary, spring from a narrow base, often from a few families". En *Political Elites in a Democracy* (New York: Atherton, 1971).

y ese derecho, como en el XIX, era inseparable de la política, y de su institución por excelencia, el Estado. En ese contexto, reforma social y tradición criolla, fueron expresiones representativas de la demanda de democratización de la vida pública con la nacionalización cultural del país.

Precisamente, el binomio cultura y democracia es el pivote que orienta las ponencias vertidas en el *Foro de 1940*. El enlace es significativo al compararlo con uno de los recursos legitimadores del discurso de la crisis, al menos en su texto faro, *Insularismo*. Me refiero a su alarma ante los "excesos" democratizantes que percibían aparejados al cambio de soberanía. En *Insularismo* la entrada de los sectores populares a la educación superior institucionaliza la:

> mediocracia... el imperio del número, del justo medio, (que) excluye accidentalmente la colaboración extraordinaria de los selectos. Con iguales oportunidades para todos, la plebe se ha sentido satisfecha al ver subir sus valores a costa del descenso de los hombres cultos.[13]

Pero en el *Foro de 1940* cultura y democracia borran sus agravios y son los marcos de una nueva "colaboración" de los "selectos", un camino que ya el Ateneo había transitado bajo la presidencia de Quiñones, Belaval y Géigel Polanco.

---

[13] Antonio S. Pedreira, *Insularismo* (San Juan: Instituto de Cultura Puertorriqueña, 1970), p. 91. Recordemos que, en general, en América Latina la ideología patricia de los intelectuales idealistas aunaba a un anti-imperialismo, en ocasiones militante, un fuerte rechazo, bajo el pretexto de su inaplicabilidad en nuestro medio, a aquellas corrientes democráticas que respaldaban la participación del pueblo en la política. Si la Universidad fue, para esa generación, la garantía de continuidad de una tradición de hombres egregios forjadores y conductores de la nación, había, entonces, que protegerla del ruido e intervención de las masas. Por extensión, el principio de igualdad sólo era operante si se avalaba por una superioridad moral, una argumentación que sería central a partir del *Ariel* de Rodó.

Recordemos algunas de sus manifestaciones. Se revitaliza y populariza la actividad teatral, se diseñan programas de estudios historiográficos y literarios, se funda la Academia Puertorriqueña de la Historia y se resucita la *Revista del Ateneo*, cuyo último número databa de 1906. También se crea en 1939 el Instituto de Libre Enseñanza cuyo objetivo era, según su fundador Géigel Polanco, "...democratizar la enseñanza, divulgar el deber y poner la cultura en contacto directo con el pueblo".[14] Paralela, y significativamente, se acude a nuevos medios de divulgación como la radio y el teatro rodante.

Lo cierto es que para la década del cuarenta tanto la élite intelectual como la élite técnica, portavoces de la *intelligentsia* que anuncia vencer el vacío que les precede, un tópico recurrente en ambos, identifican sus lugares, reclaman su territorio, y se abocan a la reconstrucción nacional.[15] Un mismo recurso argumentativo los había unido y fortalecido: crisis social/crisis cultural. Un mismo fin los legitimaba: ser conductores del "bien común" ante el cual los vencedores del "tiempo muerto" ensayan un gesto conciliatorio en el cual la pasión y el interés se dan la mano.[16] Leo, por lo tanto, el *Foro* como un discurso normalizador, un lugar de con-

---

[14] *Mis recuerdos del Ateneo*, sin página.

[15] A. Díaz Quiñones, "Recordando el futuro maginario", *op. cit.*

[16] En el sentido que Albert Hirschman le otorga a esos términos. Debido a la expansión económica del siglo XVII y XVIII europeo emerge una nueva noción –el interés– que modula la oposición razón y pasión que había dominado el debate ético. Interés: "...in the sense of concerns, aspirations, and advantage... its meaning was by no means limited to the material aspects of a person's welfare; rather, it comprised the totality of human aspirations but denoted an element of reflection and calculation with respect to the mannner in which these aspirations were to be pursued". *The Passions and the Interests* (New Jersey: Princeton University Press, 1977), p. 32.

72

vergencia de varios sectores sociales, una invitación a la
alianza coyuntural. Un discurso integrador de sus ponentes
y destinatarios, atraídos tanto por su inflexión persuasiva y
agresiva como por sus tópicos triunfalistas: cultura, progreso nacional y participación social. Integrador, además, de su
propia posibilidad discursiva al conjugar la noción de normalización como continuidad con un sentido más normativo; esto es, inauguración de una conducta donde inclusive lo
nuevo, y su relación con lo viejo, fuera domesticable vía su
institucionalización, o su pronta conversión en tradición.[17]

En ese proceso se conservaron conceptos y estrategias
discursivas, funcionales aún, para explicar la especificidad
histórica, social y cultural de la nación, sobre todo aquellos
elementos remanentes que constituían identidades y anun-
ciaban esencias.[18] Conceptos tales como nación y tradición
redimensionaron su sentido y adquirieron nuevos registros
o se asociaron cada vez más, vía una compleja red de mediaciones, a la noción de desarrollo y bienestar nacional, despla-
zando su función sustantiva por una función más inofensiva
y decorativa.[19] Así, como modificadores de los conceptos

---

[17] Como ha señalado Cornelius Castoriadis, lo viejo "entra en lo
nuevo con la significación que lo nuevo le da". en *Los dominios del hombre: Las encrucijadas del laberinto* (Barcelona: Edit. Gedisa, 1988), p. 74.
También es útil para la diferencia entre viejas tradiciones y aquellas de
recién invención de Eric Hobsbawn, *The Invention of Tradition*
(Cambridge: Cambridge University Press, 1983). Sobre la
institucionalización de la tradición ver de Frank Kermode, *The Art of
Telling* (Cambridge: Harvard University Press, 1983) y de Edward Shils,
Tradition (Chicago; University of Chicago Press, 1981).

[18] Sobre este tema ver Raymond Williams, *Marxism and Literature*
(London: Oxford University Press, 1977).

[19] Sobre las diversas estrategias de elaboración y recepción del discurso político ver *El lenguaje político*, coord. Manuel Alvar (Madrid: Fundación Friedrich Elbert, 1987).

centrales del nuevo discurso normativo, evocaban las aspiraciones de la nueva clase política y de las burguesías nacionales que posteriormente resultarían favorecidas por el proceso de industrialización. También evocaban las connotaciones éticas de armonía y bienestar comunitario que había promovido el discurso de los intelectuales provenientes de las filas treintistas. De ese modo, y como señala Mabel Moraña refiriéndose a procesos similares y concurrentes en América Latina, se propone:

> ...un orden integral que se dirige, sin fracturas internas, hacia el logro de determinados fines colectivos, guiado por un sector privilegiado que interpreta la historia nacional y dirige, consecuentemente, las formas de acción social.[20]

Lo que permitió, a su vez, el paso del intelectual del reducido grupo letrado y los espacios tradicionales en los cuales diseñaban sus políticas culturales, a un estadio más mixto y transicional en el cual se sumaron a una élite procedente de estratos medios ya atravesados por fuertes ráfagas democráticas y deseosos de una política que recogiera los nuevos discursos y las nuevas fuerzas operantes. Esos sectores propulsaron nuevas alianzas en competencia con los grupos hegemónicos tradicionales. La nueva política estatal requirió, en su vocación de transición a un proceso industrializador, la consolidación de una estructura de poder a través de la cual se canalizaran los intereses y expectativas de los grupos profesionales, empresariales y técnicos. Al mismo tiempo articuló esa política a las necesidades de los sectores asalariados, inicialmente los cañeros, para luego incursionar a aquellos que se abrirían a la expansión industrial. Requería, por lo tanto, la unificación y movilidad social bajo la bandera común del progreso nacional que aminorara los reclamos y

---

[20] *Literatura y cultura nacional en Hispanoamérica, op. cit.*, p. 31.

presiones de los sectores en los cuales se apoyaba. De ahí la función vital de instituciones mediadoras como la cultura que suavizaran la tensión entre los valores de la tradición y los incorporados por el proceso de modernización. Naciona-lismo y antimperialismo; orden y progreso: pacificación; normalización. Pero también es posible leer el *Foro* como un lugar de desencuentro, como la heteroglosia resultante entre las voces que lo componen, entre ese discurso y el que le precede, y entre los rumbos diversos que tomará en los próximos años.

II. Encuentros

Vicente Géigel Polanco, una de las figuras más interesan-tes y menos estudiadas de ese debate, inaugura el encuentro invocando la voz de Pedreira y colocando el evento, de ese modo, bajo su égida espiritual:

> La cultura, la política, la moral, la economía, necesitan re-novarse en el sentido de aquella tercera dimensión que apuntó un día Antonio S. Pedreira. La dimensión puertorri-queña, que es la única capaz de potenciar nuestras posibi-lidades de expansión en los distintos campos de la huma-na actividad.[21]

Pero el *Foro* no es el espacio de la meditación, sino de la acción; no del Maestro, sino del Vate. La exhortación cumple su función ritual, pero fuera del gabinete letrado de Pedrei-ra. Es la hora de los discípulos y de sus agendas. Las salas consagradas del Ateneo abren sus puertas al espacio públi-co de la política. Si bien el *Foro* da inicio amparándose en la

---

[21] Vicente Géigel Polanco, "El foro sobre los problemas de la cultu-ra en Puerto Rico", *Foro de 1940* (Río Piedras: Editorial Universitaria, 1976) p. 8. Sobre Géigel Polanco ver de Juan Gelpí *Literatura y paternalismo en Puerto Rico* (Río Piedras: Editorial Universitaria, 1992).

cultura con la ponencia inicial de Jaime Benítez, es el estado quien cierra el encuentro saliendo a la calle en voz del nuevo Vate: Luis Muñoz Marín, el cual ya había permutado la voz de la poesía por la voz mesiánica del conductor de pueblos.

Hablan a la par que la "juventud dorada" de *Insularismo*, los nuevos profesionales: hablan académicos y tecnócratas.[22] Portadores de un mensaje de renovación moral, cultural y educativo. Portadores, también, de un mensaje de renovación técnica o científica. No modernizantes como la generación de Pedreira, sino modernos, los llamados a enderezar el rumbo de la "nave al garete". Para estos nuevos intelectuales no se trata de ir tras la búsqueda de la identidad nacional. La patria para ellos era ya un sistema de signos altamente codificado por la ensayística precedente, un archivo de valores y normas que unificaba una memoria cultural. Además, y en consonancia con el marco general que Claudio Véliz ha diseñado para América Latina, los grupos urbanos emergentes que asumen el control de la modernización no desarrollan de inmediato su propio modelo cultural.[23] En el caso

---

[22] Alvin Gouldner subraya las diferencias internas de esa "nueva clase": "...is not some unified subject or a seamless whole, it, too, has its own internal contradictions. It is a class internally divided with tensions between technical intelligentsia and humanistic intelligentsia". En *The Future of the Intellectuals and the Rise of the New Class* (New York: Seabury Press, 1971).

[23] *The Centralist Tradition* (New Jersey: Princeton University Press, 1980). De acuerdo a Véliz "There was then no culture of the Latin American industrial bourgeoisie, no set of values to replace those that reigned supreme before the coming of industralization, no cultural bastion from which to launch a challenge against the remnants of preindustrial society. Unable to impose their own standards of social worth, they had of necessity to seek the prestige they so much wanted where they could find it; they were obligued therefore, to embrace the culture of the traditional upper classes". (p. 274).

puertorriqueño ese sector lo adquiriría a partir del desarrollismo de los años cincuenta con la emergencia de una clase
media estable y distintiva y cada vez más vinculada a los
modelos norteamericanos. Por lo tanto, a alturas de la década del cuarenta, lo que se observa es un sector público y
afluente que observa los usos y valores de una cultura reifi-
cada en el modelo treintista. Así, por ejemplo, Raymond L.
Scheele señala como, aún en pleno desarrollismo, aunque
algunas de estas familias habían transferido sus riquezas de
la tenencia de tierras a las nuevas ocupaciones económicas,
su vida social, religiosa y recreacional seguía centrada en los
patrones tradicionales asociados a la hispanidad.[24] Urbanos,
educados y sofisticados se distinguen como financieros, técnicos, funcionarios gubernamentales, o en las profesiones
liberales en que ya se encontraban algunos de los treintistas
y sus herederos. En sus discursos se vislumbra, por lo tanto,
su participación activa en el proyecto modernizador, vinculado ya definitivamente al capital norteamericano. Interés
matizado –problematizado– por una gran pasión, la preservación de un estilo y una conducta cultural, asociada también, de manera definitiva, a un estilo y a una conducta social.

Llegó, por lo tanto, la hora de sentarse a negociar. El *Foro
de 1940* constituye el testimonio político de esa gesta criolla
contemporánea que, como en el pasado que fabulara *Insularismo*, busca la resolución armónica de sus conflictos. Su pro-

---

[24] "Some of these families have been well-to-do for generations.
Originally their wealth came from land, but today it comes basically from
their service occupations... In spite of the requirements and its new
economic basis, this subcultural group is essentially Latin American in
its social, recreational, and religious life, although now changing, has
centered in traditional patterns derived from their hispanic heritage." En
"The Prominent Families of Puerto Rico" en *The People of Puerto Rico*
(Illinois: University of Illinois Press, 1965), p. 425.

pósito es inequívoco: Géigel lo resume como un "solo movimiento de integración nacional" cuyos nobles propósitos acallan todo intento de disidencia o propuesta alterna. Su equipo intelectual, ya en plena reorganización, cuenta entre sus haberes un discurso crítico con un denominador común, la defensa de la cultura y de la democracia, y una gran metáfora integradora: la "gran familia puertorriqueña". Naturalizadas las diferencias entre los arquitectos de la restauración de esa gran familia se formula, entonces, un plan de acción. Por caminos diversos los criollos se han vuelto a reunir. De las batallas libradas victoriosamente en sus respectivos campos emerge ahora, nítidamente, el rostro de la cultura oficial. De ese modo el estado moderno puertorriqueño se legitimará con los emblemas y rituales del pasado, patrimonio de la casa cultural, apropiándose de un linaje que prestige su lugar y función social, y las casas culturales se colocarán bajo su protección. El *Foro* es, por lo tanto, elocuente de lo que ya hemos mencionado como uno de los modos posibles de interacción entre los intelectuales y el estado: la construcción de los aspectos simbólicos e institucionalizadores de la tradición en la búsqueda de ordenar la experiencia social y cultural. Una gestión cuyo fin propone tanto una identidad como una meta colectiva. En ese proceso median los intelectuales en la instalación de los vínculos de identidad necesarios para el paso de la filiación a la afiliación, relaciones que aseguran un ejercicio de reconocimiento y continuidad. Desde la apertura del *Foro* identificamos ese traslado que Edward Said postula como uno de los signos característicos de la cultura moderna.[25] El paso de la filiación natural

---

[25] La afiliación funciona como un orden compensatorio a la disolución de las relaciones filiales conservando la noción de autoridad que determina el sistema de sus ideas y valores. Señala Said; "Thus if a filial relationship was held together by natural bonds and natural forms of

por relaciones de parentesco a una relación afiliativa, ya fuera de clase, religión, partido, o nacional, advierte sobre una
voluntad de integración de carácter gregario capaz de subor-
dinar las diferencias a un bien o a un proyecto común. En ese
desplazamiento se destaca el valor de la metáfora familiar,
cuya estrategia de enlace –el consenso–, se extiende del campo de la cultura al imaginario social. Así, las disputas que
enfrentaron a varios sectores del patriciado criollo son con-
ciliadas finalmente por sus primogénitos y la casa se vuelve
a unir bajo el signo de una causa común: la consecución de
la cultura bajo la aspiración democrática de los nuevos tiempos.

Así es como ambos espacios, el cultural y el estatal, abren
y cierran el *Foro* representados por dos figuras que, en sus
respectivos campos, dominarían la escena pública de las
próximas décadas: Jaime Benítez y Luis Muñoz Marín. Con
ellos los términos cultura y democracia encuentran su defensa. También el nuevo significado y orientación que tendrían
a partir de esos años en el discurso relativo a la Segunda
Guerra Mundial, un referente apenas aludido, pero muy
fuerte en varias ponencias, entre ellas la de Muñoz. En la
medida en que la "nación" desaparecía cada vez más de sus
discursos, estos términos la reemplazan como dos sistemas
conceptuales donde el primero, la cultura, organiza las formas de representación de una comunidad y el segundo, la
democracia, el orden de sus relaciones sociales. Esos serán
los límites donde se formule el saber y la práctica de esa vieja

---

authority–involving obedience, fear, love, respect, and instinctual
conflict–the new affiliative relationship changes these bonds into what
seem to be transpersonal forms–such as guild conciousness, consensus,
collegiability, professional respect, class and the hegemony of a dominant
culture". En "Secular Criticism" en *The World, the Text and the Critic, op.
cit.*, p. 17.

y nueva gran familia, un contrapunteo que encuentra su expresión en "Definiciones de cultura" de Jaime Benítez y "Cultura y democracia" de Luis Muñoz Marín.

Jaime Benítez, futuro rector de la Universidad de Puerto Rico y responsable directo de la implantación del Occidentalismo como filosofía cultural educativa, se dirige a los participantes. Su exposición se amparó en la orientación neopositivista de la antropología cultural anglosajona y, sobre todo, en los postulados vitalistas de filósofos alemanes de interpretación cultural como Spengler, Huizinga y Sauer, filtrados, en gran medida, por la lectura de Ortega y Gasset. Esa conjución planteó una noción de cultura que recogía tanto aspectos descriptivos y funcionales como valorativos: la cultura era "palabra-programa... la cuestión de la vida de un pueblo, de su destino y trayectoria... (no sólo) "lo que la vida social es, sino también, ...lo que debe ser".[26] Sus metas finales eran los valores como aspiraciones máximas de una comunidad:

> El estudio de los valores religiosos, científicos, estéticos, sociales y materiales es el estudio de la cultura por antonomasia. En nuestra civilización dichos valores se nutren principalmente de tres fuentes: la filosofía y el arte griegos y renacentistas, la ciencia racionalista y el Cristianismo.[27]

Desde esa perspectiva tal parece que recupera del nacionalismo cultural que le precede la idea de la regeneración social sobre las bases de la espiritualidad de la cultura en oposición al materialismo atribuido a la modernización como fenómeno social. Sin embargo, su proyecto cultural era otro y alerta sobre las rupturas que amenazan la supuesta

---

[26] "Definiciones de cultura", p. 13.

[27] *Op. cit.*, p. 14.

80

homogeneidad lograda en el campo intelectual. Una variante significativa fue su distanciamiento del criollismo treintista y su propuesta de una universidad puertorriqueña. Demás está por añadir que fue el estudio de los "valores" de la tradición humanista occidental lo que dominó el ámbito ideológico de la casa de estudios de Benítez, sobre todo en el contexto de la educación general que se implantó en la Facultad de Estudios Generales aprobada en 1945.[28]

El momento era propicio. El destino de la Guerra Civil Española y el auge del fascismo en la "madre histórica" de *Insularismo*, los confrontamientos del Partido Nacionalista con el Estado, y la difusión del Panamericanismo, entre otros aspectos, habían restado atractivo al nacionalismo cultural y al político. Tanto el hispanismo como el criollismo se vuelven asuntos controvertibles y se allana el terreno para una interpretación supranacional de la herencia cultural. Benítez puede ahora afirmar:

> Pertenecemos a una ríquisima familia –la casa occidental– y de ella nos hemos nutrido... Puerto Rico está en el Mar Caribe, pero también está en el mar Mediterráneo, en el Mar Egeo y en los Grandes Lagos.[29]

Donde no está es en el modelo arcádico de las antiguas haciendas criollas cafetaleras o azucareras. Tampoco para Muñoz, quien en su ponencia reterritorializa sus bordes. Para Muñoz la cultura se apoya en un componente que le es insoslayable, la política, y ésta, también, ha reorientado su signo. En un texto rememorador de la bohemia de principios

---

[28] Un documento sumamente útil para trazar su historia es "Misión, metas y objetivos de la facultad de Estudios Generales y de sus dependencias académicas: Estudio histórico-comparativo", Documento preparado por Eneida Vázquez (mimeografo).

[29] "Definiciones de cultura", p. 15.

de siglo, el escritor De Diego Padró recordaba que Muñoz "...sabíase de memoria algunos trabajos poéticos, los cuales declamaba en plena ruralía borinqueña, con una copetuda y presuntiva pronunciación bostoniana".[30] Ahora son los acordes de la política los que se entonan al son del Nuevo Trato. También, como ha expresado Silvia Alvarez: "...el sentido práctico de la libertad y la justicia: el concepto democrático de libertad jeffersoniana, la libertad ciudadana, la libertad civil y jurídica".[31]

Los malabarismos retóricos de Muñoz para igualar cultura y democracia revelan otra de las estrategias del discurso normalizador, su resemantización y combinatoria de conceptos de diverso orden discursivo desalojándolos de las connotaciones y relaciones conflictivas que pudieron tener en otros contextos enunciativos. El oxímoron propicia la nivelación. Muñoz establece dos niveles de significación, tanto para cultura como para democracia: uno amplio y uno especializado. La cultura, en un nivel amplio es la "...actitud y maneras de vivir la vida de una comunidad... desarrollada en el proceso de su formación como tal y en los antecedentes que precedieron a la iniciación de ese proceso".[32] En un sentido especializado es el propósito de la conciencia y la inteligencia "de establecer variantes de superación en la actitud de esa comunidad hacia la vida".

Respecto a democracia convendría retomar dos posturas del campo de la cultura. En *Insularismo* era una imposición "igualadora" que establecía "normas para beneficiar a los

---

[30] *Luis Palés Matos y su trasmundo poético* (San Juan: Edics. Puerto, 1973), p. 23.

[31] En Silvia Alvarez, "La biografía populista de Luis Muñoz Marín", Conferencia dictada en ocasión del Encuentro Caribe Hispano, Santo Domingo, marzo de 1988. "Definiciones de cultura", *op. cit.*, p. 14.

[32] "Cultura y democracia", *op. cit.*, p. 262.

ineptos y regatea sus favores a los inteligentes".[33] Para Benítez la democracia, a la par que el individualismo, el desarrollo industrial y otros fenómenos, brotaba naturalmente de las
tres raíces de Occidente, para él fuentes de nuestra cultura.
Muñoz distingue entre un sentido especializado: separación
de poderes en ejecutivo, judicial y legislativo y otro amplio:
una "profunda igualdad entre los seres humanos... más allá
del voto y de las formas de constituir el gobierno".[34] El cru-
ce entre los niveles de significación de ambos términos con-
tamina su sentido y ahora puede concluir que cultura y democracia es una instancia de acción: "...una actitud hacia la
vida, es una manera de vivir la vida... la misma cosa noble y
grande de una dignidad humana acechada y que se defiende".[35] De la alarma ante la democracia igualadora que amenaza la cultura, a una como fruto de la otra, el orden se sub-
vierte y ahora es la democracia el garante de la cultura, la
fuerza que integra el consenso de los valores y el reconocimiento de las normas sociales asegurando la estabilidad y la
transmisión de la cultura. Inclusive se sugiere que "este rincón del mundo" puede ser baluarte, "monasterio" de la democracia "en medio de una barbarie ideológica", velada alu-
sión al conflicto bélico europeo y a la inestabilidad política
que se le adjudicará con mayor insistencia al resto de América Latina.

Así, a la cultura estetizante que aspira Benítez, en la cual
la función del intelectual es orientar al cuerpo social de
acuerdo a los criterios de "...integración, armonía, pondera-
ción" que adjudica a la cultura occidental como modelo
ideal, Muñoz reclama la cultura militante como "conciencia

---

[33] *Insularismo*, p. 91.

[34] "Cultura y democracia", p. 272.

[35] *Ibid.*, p. 274.

dirigente de nuestro pueblo",[36] conciencia que una a lo intelectual y lo artístico, la espontaneidad y vitalidad de los fines y luchas colectivas. En realidad, la diferencia es de territorio. Ambos son proyectos institucionales. La cultura estetizante conducirá a la "casa de estudios" de Benítez y la militante al triunfo del Partido Popular Democrático y del populismo.[37] Además, el binomio cultura-democracia, cumple otra función, convoca y justifica al pueblo-nación, un concepto de fácil interpelación y que aspira a borrar, o al menos neutralizar, los conflictos y diferencias sociales en un compromiso común, eludiendo su carácter arbitrario y artificial. De acuerdo a Muñoz:

> ...en Puerto Rico democracia y cultura debe querer decir que se desechen de nuestro espíritu las pequeñas competencias basadas en las inútiles superioridades artificiales.[38]

Fijar de ese modo el contenido de ambos términos auspicia la ilusión de un acuerdo de identidad social y cultural que suprima todo hiato o desvío y que, inclusive, desautorice la proliferación de otros sentidos y proyectos alternativos de cultura y democracia. La máquina del estado se afinaba seleccionando y codificando del discurso culturalista aquellos paradigmas esenciales para su buen funcionamiento y tra-

---

[36] *Ibid.*

[37] La "casa de estudios" rebautiza la Universidad. Para Benítez su misión es ser "...una casa de estudios, de trabajo, de entendimiento, de dedicación, de convivencia, de tolerancia". En *Junto a La Torre: Jornadas de un programa universitario* (Río Piedras: Editorial Universitaria, 1952), p. 167. También la de generar el nuevo equipo de profesionales y técnicos para el proyecto modernizador. Las palabras de Benítez amplían su significado si se advierte que fueron proferidas a raíz de los disturbios universitarios que encabezaron líderes nacionalistas como Juan Antonio Corretjer y Pedro Albizu Campos en la huelga universitaria del 1948.

[38] "Cultura y democracia", *op. cit.*, p. 273.

gándose las variantes y diferencias. Así, es la retórica populista la que logra alcanzar las metas que se impusieron los treintistas: integrar, guardando para su proyecto, la función rectora.

¿Cómo trasladar ese evento discursivo como actividad simbólica al orden de las experiencias concretas? Un modo fue el modelo de reforma educativa delineada en varias ponencias reunidas en dos sesiones del *Foro: Problemas educativos* y *Función de la Universidad*. En las mismas se destacó el estado y la deseabilidad de una reforma que contemplara tanto la educación rural como la urbana, la elemental como la secundaria y la vocacional como la universitaria. Dicha preocupación por un proyecto más amplio e integrador reflejaba, en gran medida, la complejidad de la circunstancialidad social, económica y política del país, su cada vez más diverso y entrecruzado panorama. Reflejaba, también, el estado y las ramificaciones del debate educativo y su lugar central para el campo político e intelectual. Un debate en el cual el binomio cultura y democracia, el eje que he seleccionado para orientar mi lectura del *Foro*, fue una de sus series operativas. Advierto que el mismo exige un análisis riguroso del cual este trabajo apenas ensaya algunos planteamientos que tocan su superficie.

Varias ponencias se le dedican. En la primera sección: "El sistema educativo", de Gerardo Sellés Solá, "La escuela como factor de orientación en nuestra cultura", de José González Ginorio, "Existe una filosofía educativa en Puerto Rico?", de María Teresa Babín y "La educación de adultos", de Isabel Andreu de Aguilar. En la segunda: "La función de la Universidad", de Juan Soto, "La misión de la Universidad", de Margot Arce y "La función de la Universidad", de Hipólito Marcano. Pero tras esa fachada de integración y cementación de una comunidad nacional unida en la común aspiración y derecho a ser cultos y democráticos se lee una cuidadosa planificación y distribución de saberes y de agentes y lugares sociales. Esa jerarquía se traduce en las palabras de González Ginorio, a la sazón Superintendente y Director de Instrucción Pública:

> En la escuela pública hay unión, hay masa, hay pueblo. En la Universidad hay selección, hay diferenciación, hay individualización. La escuela pública representa el todo que ha de ser dirigido. La Universidad representa la clase representativa que ha de dirigir, no necesaria ni exclusivamente desde las esferas gubernamentales sino principalmente desde los talleres y las fábricas, desde las oficinas, los laboratorios y las cátedras y desde los centros comerciales, industriales y agrícolas. Pero esa clase dirigente, la que debería ser seleccionada únicamente a base de aptitudes, carecería de significación, utilidad e importancia, si la clase dirigida que es el todo social, carece de aquella preparación básica universal que la capacite para apreciar y la habilite para cooperar, servir y producir.[39]

Las implicaciones son obvias y su trayectoria y ramificaciones exceden las ponencias del *Foro*. De ahí la necesidad de abrir un paréntesis que permita intercalar otros textos y debates que amplíen el campo discursivo del *Foro* y el eje cultura y democracia. Convendría, además, ubicarlo en la serie cultural y social que daba inicio a este ensayo: tradición y modernidad. Convendría, finalmente, enmarcarlo en los parámetros ideológicos del desarrollo y modernización social y económica del proyecto populista y de la propuesta que desarrollaron paralelamente de afirmación cultural y modernización del aparato educativo. Así, pues, era imperativo que la "muchedumbre dócil y pacífica" de los textos treintistas se tranformara en un pueblo industrioso y activo

---

[39] "La escuela como factor de orientación en nuestra cultura", *Foro de 1940*, p. 200.

pero cuyo "despertar", para parafrasear la conocida frase de Géigel Polanco, fuera tan domesticable como su otrora sueño. No es de extrañar, por lo tanto, que en la trama narrativa de *El despertar de un pueblo* los ensayos sobre educación se coloquen en el cierre textual, precedidos por dos movimientos claves en el texto: un ensayo inicial, "Puerto Rico: pueblo o muchedumbre" y uno central: "El pueblo en la escena". No es díficil adivinar, tampoco, que el ensayo final se llamase "Un pueblo en marcha".

En "El problema educativo", y en el vórtice del debate sobre la urgencia de una reforma educativa, Géigel Polanco, en un lenguaje muy cercano al de *Insularismo*, aunque con otros referentes, alerta sobre la "...escuela al garete en el mar revuelto de nuestra tragedia colonial".[40] Sugiere, entonces, las medidas para enderezar su rumbo: educación al margen de líneas partidistas, uso del vernáculo, adiestramiento del alumno para adaptarse a las realidades económicas y sociales de su país como remedo a la especialización, desarrollo de iniciativas en los campos de comercio, la industria y la agricultura, participación del maestro en la toma de decisiones y más planteles de educación elemental y educación de adultos. En fin, no sólo una educación propicia para una sociedad que va a despegar sino, también, su puesta al día. De ahí la insistencia en superar los vicios y desviaciones de una educación considerada deficiente en cuanto atada a los vaivenes retóricos de los hábitos políticos tradicionales. De ahí, también, la urgencia de revisar currículos, técnicas de enseñanza y aprendizaje y del reconocimiento del español

---

[40] "El problema educativo" (Conferencia dictada el 29 de diciembre de 1940 en la 30 Asamblea anual de la Asociación de Maestros) en *El despertar de un pueblo* (San Juan: Biblioteca de Autores Puertorriqueños, 1942), p. 155.

como lengua educativa para lo que se proponía como la nueva escuela puertorriqueña.

Pero el énfasis del ensayo no está puesto tanto en cómo sino en para qué educar. Su propósito era claro: poner el pueblo en marcha, educarse para ser los ciudadanos ideales del nuevo modelo político en gestación. Argumenta Géigel Polanco (la cita es extensa pero meritoria):

> Pueblos como el nuestro, todavía en pleno proceso de formación, necesitan de ella como instrumento indispensable para estructurar la mentalidad pública y orientar su pensamiento por los derroterros de la más ancha comprensión... Sin el eficaz adiestramiento de todos los ciudadanos para el ejercicio de los derechos y el cumplimiento de los deberes, sin su positiva preparación para rendir a la comunidad labor de provecho en la medida de las aptitudes y capacidades de cada uno, la democracia no puede realizar sus postulados de solidaridad social ni operar con el efectivo concurso y la libre intervención de todas personas que la integran... se ha iniciado una nueva era en la vida de Puerto Rico... un pueblo en marcha hacia la conquista democrática de su bienestar, de su justicia y su libertad... como pueblo de entronque hispánico, contribuyendo desde ese peñón del Caribe, a la realización del destino común de las Américas.[41]

Las posturas de González Ginorio y de Géigel Polanco, aunque enunciadas desde distintos lugares del debate educativo, iluminan aspectos fundamentales de su trayectoria a partir de la intervención norteamericana del '98. Destaco un texto central, *A History of Education in Puerto Rico* de Juan José Osuna, educado en el Teacher's College de Columbia University al igual que muchos cuadros de la política cultural de esas décadas, y a partir de 1928 Decano del Colegio de Edu-

---

[41] *Op. cit.*, pp. 158-163.

88

cación de la Universidad de Puerto Rico.[42] En el mismo se expone que hasta los treinta no existe una filosofía educativa fundamental sino tres objetivos: americanización, extensión del sistema escolar y enseñanza del inglés, implantados, en su gran mayoría, de acuerdo a criterios locales y variables. Osuna favorece la centralización del sistema escolar y adelanta su programa: énfasis en la salud pública, preparación para una educación inmediata –trabajadores adiestrados en escuelas vocacionales–, educación ciudadana (uso de los derechos políticos) y educación organizada del ocio que se orientaría a actividades legales y cívicas. En suma, Osuna recogía e instrumentalizaba lo que había sido la política de educación pública en el contexto del nuevo régimen democrático, entendido éste como simulacro de las metas, instituciones, costumbres y valores de la "buena sociedad protestante norteamericana" que se ansiaba emular en una isla del Caribe hispánico.

La encomienda de los comisionados subsiguientes –José Padín (1934-37), José Gallardo (1937-45) y Mariano Villaronga (1945)–, posteriormente primer Decano de la Facultad de Estudios Generales, sugiere un período de transición hacia una filosofía y práctica educativa más afín a los nuevos giros de la política insular. Dos asuntos llaman la atención: la organización de lo que Osuna llama "educación inmediata" y la obligatoriedad del inglés como vehículo educativo. El segundo es ampliamente conocido por los conflictos internos de su implementación –de los cuales el libro de Osuna brinda una valiosa perspectiva. También por los núcleos de resistencia y ataque que generó tanto al interior de las agencias gubernamentales –el caso Padín, por ejemplo– como al exterior, sobre todo por su lugar central en las agendas de lucha

---

[42] Juan José Osuna, *A History of Education in Puerto Rico* (Río Piedras: Edit. Universitaria, 1949).

nacional. No es hasta 1946 que se logra la derogación del inglés como lengua principal en la educación estatal, aunque el mismo se seguiría utilizando en las transacciones y documentación de otras agencias gubernamentales.[43]

El asunto de la educación inmediata merece un poco de más detenimiento en cuanto conduce a los ensayos citados de González Ginorio y Géigel Polanco. A pesar del lugar central del énfasis práctico de las ciencias y la tecnología para el nuevo régimen, sólo se habían ensayado algunos intentos de educación manual y vocacional: inicialmente en zonas urbanas (1903-1907: centros en San Juan, Ponce, Mayagüez, eliminados por falta de maestros debidamente adiestrados; 1913: se reintroducen como cursos regulares en escuelas urbanas) e, irregularmente, en algunos enclaves rurales a partir de 1916. Sin un programa educativo vocacional no fue hasta finales de la década del treinta, y con la extensión de legislación federal al respecto, que aumentaron los programas vocacionales, de artes industriales y agrícolas. En "El sistema educativo", ponencia del *Foro* del educador Gerardo Sellés Solá, se celebra ese crecimiento:

> ...en cooperación con el Gobierno Federal y que presta seria atención a la agricultura, industrias y oficios, economía doméstica, así como a las necesidades de los establecimientos industriales del país.[44]

---

[43] El problema de la lengua continúa siendo un asunto central y espinoso en las relaciones entre sociedad, estado y campo intelectual. La vigencia y complejidad de ese debate se discuten desde una perspectiva crítica en la polémica sostenida en *Claridad* (junio 1991) entre Arcadio Díaz Quiñones y Juan Duchesne. Preguntas centrales de ese debate son cuándo y con qué fines el estado invoca la pertinencia del vernáculo. Otra sería la legitimidad de ese reclamo y su adaptación a las estrategias de lucha a grupos no afines al estado.

[44] *Op. cit.*, p. 193.

¿A qué obedecía ese nuevo interés? El lento desarrollo tanto de la educación superior como de la "educación inmediata" de las primeras décadas se puede explicar en términos de decisiones y reacomodos de política externa, una tesis que sostienen, entre otros, Aida Negrón de Montilla y Jorge Rodríguez Beruff. Este último relaciona la política cultural y educativa norteamericana a:

> ...sus funciones ideológicas y económicas para el rápido desarrollo de un capitalismo agroexportador articulado alrededor de la producción cañera... (en la cual) La promoción de la enseñanza superior y universitaria no era considerada necesaria ni deseable. Por un lado planteaba el problema de cómo mantener el nivel educativo superior dentro del estrecho marco ideológico dominante, es decir cómo asegurar una educación superior "americana" antes de haber "americanizado" las masas, mientras que, por otro lado, su utilidad dentro del esquema social prevaleciente era cuestionable al poderse importar de la metrópoli los cuadros necesarios para el gobierno y la industria azucarera.[45]

Otra posible explicación, en el orden interno esta vez, la sugiere Blanca Facundo Santiago.[46] Este estudio abarcador aduce, aunque no explica, que en las primeras décadas los esfuerzos por promover la educación industrial y vocacional fueron vetados consistentemente por la legislatura insular, controlada por el Partido Unión, al no asignarle fondos. Se podría adelantar la siguiente hipótesis: Esa resistencia, ¿unía

---

[45] *Op. cit.*, p. 9. Ver de Aida Negrón de Montilla, *La americanización de Puerto Rico y el sistema de Instrucción Pública: 1900-1930* (Río Piedras: Editorial Universitaria, 1977).

[46] Blanca I. Facundo Santiago, *El desarrollo de la escuela secundaria puertorriqueña 1900-89* (Tesis doctoral: Facultad de Educación, U.P.R., 1989).

al tradicional prejuicio criollo en contra del trabajo manual y los oficios la sospecha de fuga de un mercado laboral agrícola a otras ocupaciones fuera de su control, ocupaciones que inclusive promovían tipos de organización sindical amenazantes para el Partido de los hacendados? Lo cierto es que a alturas de los cuarenta la agenda del Partido Unión estaba fuera de juego y otras agendas ocupaban la escena. Además, la masificación de la educación, sobre todo a nivel primario, excedía el ámbito de lo que habían sido las metas de una educación superior: el magisterio y las profesiones tradicionales de medicina y derecho, que a su vez se abrían a otras posibilidades: farmacia, ingeniería y agronomía. Había que explorar otras vías ocupacionales no necesariamente conducentes a estudios universitarios, reservados, al menos idealmente, para la élite que conduciría la marcha del pueblo.

El panorama educativo asume, entonces, un espectro mucho más complejo que el contemplado por Osuna apenas una década antes. Revela un nuevo escenario en el cual el entramado no se urde en la importación de los cuadros dirigentes o habilitadores sino en la generación de agentes e instituciones del país que proveyeran esos cuadros. Tampoco se trataba ya de "americanizar" sin mediaciones el país sino que se urgía el paso por un filtro criollo que contextualizara ese proceso. A esos efectos se instrumentalizan varios proyectos concurrentes. Por un lado, una escuela secundaria que absorbiera, mayormente, la progenie de los pequeños y medianos propietarios de tierra, de sus intermediarios y de los modestos profesionales pueblerinos, aspirantes a estudios universitarios, en un momento en que el mercado de empleo para profesionales se estaba cerrando.[47] También,

---

[47] Un estupendo muestrario de ese escenario lo ofrece Emilio S. Belaval en sus *Cuentos de la Universidad* (San Juan: Biblioteca de Autores Puertorriqueños, 1944).

como centro de adiestramiento para generar empleados para el creciente aparato de administración pública, de finanzas –sobre todo en el campo de la banca–, y de las casas comerciales que sustituían los pequeños negocios de familia. Por otro lado, adiestramiento vocacional, industrial y agrícola que proveyera los brazos que abrirían las brechas de la marcha del pueblo. Una marcha que, disciplinada y contenida en cierta ética del trabajo "ciudadano", previniera la amenaza siempre latente de la masa urbana y heterogénea vislumbrada en los textos treintistas y ya una realidad social a alturas de los cuarenta. Un sector social, que en su carácter emergente, fue presa codiciada del canto de sirena del populismo.

La educación rural fue también un asunto prioritario. Como señala Facundo Santiago, la misma fue inseparable de la campaña retórica que se desarrolló en contra de los grandes monopolios azucareros, en su mayoría de carácter ausentista, y su acaparamiento de la pequeña tenencia de tierras, en su mayoría de capital criollo. Mientras la tierra se nos va queda el caudal de la cultura y su cuna, la escuela, fue un mensaje subliminal de esa campaña. También la escolarización se presentó como una medida de justicia social que mejoraría las condiciones de vida y oportunidades de empleo para el sector de agregados y pequeños y medianos agricultores. Pero también fue una medida de contención social que aspiró a moldear al educando rural en las labores prácticas y los buenos hábitos y actitudes correctas ciudadanas. Buscó, además, retenerlos en el ámbito rural y evitar que engrosaran los arrabales que circunvalaban las zonas urbanas, recordatorios, demasiado visibles ya, del lado poco amable del proceso de modernización.

Así, pues, la reforma educativa propuesta en las ponencias del *Foro* refieren a ese tinglado que apenas he esbozado. Educación primaria e intermedia enfatizada en las áreas rurales, escuela secundaria con currículo académico para los líderes potenciales de la marcha del pueblo, escuela secundaria terminal en los currículos vocacional, comercial y general para sus seguidores. Como tal, fue parte integral tanto del cambiante panorama del país como de la plataforma política contemplada por el Partido Popular Democrático. En su primer Programa Económico y Social, distribuido en las elecciones de 1940, se identifican varios objetivos en los cuales se mezclan elementos de un progresivismo educativo con elementos de ideología populista. Esto es, proveer al pueblo de conocimientos elementales y capacitarlo para el trabajo: "...mediante la enseñanza de artes y oficios, al mismo tiempo que prepare en sus cursos científicos a la futura intelectualidad puertorriqueña".[48] La variante es significativa: el desarrollo intelectual de esa élite le corresponde a otro ámbito institucional fuera de los parámetros de la Instrucción Pública y del mundo social de los seguidores: la recién remozada Universidad de Puerto Rico. Ahí no se trata de relacionarse con una cultura digerida y simplificada en los marcos y finalidades del modelo ciudadano propuesto. Se trata, en muchos casos, de generar los contenidos y los criterios interpretativos y valorativos de esa cultura ciudadana. En ese sentido la cultura se puede ver como un campo de batalla central por ciertos modelos de información y su circulación. Un campo que también revela un terreno de complejas formaciones culturales y políticas, de series y diferenciaciones internas y cambiantes. Un campo desde el cual se le otorgó una memoria histórica a ese pueblo naciente. Un campo, además, donde el proyecto populista encontró suelo fértil para dirimir lo que era un asunto espinoso en su proyecto de unidad y compromiso social: la diferenciación y emergencia de nuevos sujetos sociales portadores de nuevas identidades

---

[48] Incluido en *El desarrollo de la escuela secundaria puertorriqueña 1900-89, op. cit.*, p. 179.

no subsumidas en el proceso de transición de una sociedad tradicional a una moderna. Vale la pena incursionar brevemente en lo que ha sido su casa más amada: la Universidad. Detenernos en lo que serían los archivos de la memoria y los laboratorios del presente de ese pueblo en marcha.

Regreso a Géigel Polanco como punto de partida. En una conferencia ofrecida en la Universidad el 29 de enero de 1941, habla un hijo de la casa: "Un graduado de esta institución, vivamente interesado en el destino de la casa".[49] Se lamenta Géigel, sin embargo, de que esa casa no ha sabido encontrar su alma y sólo ha engendrado:

> ...juventudes que han ido al campo de las distintas profesiones a asegurarse una posición ecomómica, no a ennoblecer la vida, no a contribuir al fomento del acervo cultural, no a estimular el progreso colectivo, no a servir los intereses vitales de la comunidad.[50]

La instrucción ha sofocado la cultura y "el alma que vino a medio hacer, quedó al fin contrahecha".[51] Un pueblo en marcha necesita, por lo tanto, un centro vital, un alma, que desde su inmovilismo esencial, dicte el latido de sus pasos. Cambio y permanencia, tradición y modernidad, una tensión que ya registrábamos en los debates del treinta muestra su carácter remanente en los debates del cuarenta. Sin embargo, no se trata ya, al menos en la formulación de Géigel Polanco, de un argumento de la crisis sino de la normalización. El momento de la conciliación ha llegado ya y su arquitectura muestra la textura del romance familiar.[52] Para Géigel Polan-

---

[49] "La reforma universitaria", *El despertar de un pueblo, op. cit.*, p. 167.

[50] *Ibid.*, p. 170.

[51] *Ibid.*, p. 176.

[52] Sobre la relación entre los discursos populistas y la estructura narrativa del romance es imprescindible el libro de Doris Sommer, *One Master for Another* (New York: University Press of America, 1983).

co se ha iniciado una nueva era y en esa obra de renovación la Universidad no puede quedar rezagada. Se pregunta:

> ¿Cómo ha de ser la nueva Universidad de Puerto Rico?... ¿Qué concepto de cultura ha de inspirar sus afanes? ¿Qué papel ha de asumir en cuanto a las realidades contemporáneas? ¿Qué vinculación ha de tener con el pueblo? ¿En qué medida debe ser orientadora de la comunidad?[53]

En el estilo de la retórica populista, de la cual fue uno de sus más brillantes exponentes, sus preguntas eran la antesala anticipada de sus respuestas. Se aspiraba a una Universidad criolla, pero modernamente criolla, anclada en la cultura pero desasida de nostalgias, lista para un despegue que se presentaba inseparable del rumbo de la nueva metrópoli. Libre de los "embelecos panamericanistas" y con derecho a la autonomía, entendida ésta como libertad académica y libre de "toda intervención de la política partidista".[54] Navegando, sin embargo, a la par que el destino del país capitaneado por los cuadros dirigentes de un Partido que ya asomaba su rostro vencedor. Bien sabido es que las paradojas, más que acentuar la contradicción, aspiran a su resolución. Así, con una reforma educativa amplia que se extendiera desde el nivel elemental hasta el universitario, que preparara ciudadanos industriosos y ciudadanos cultos que guiaran a los primeros se puede concluir:

> En este proceso de renovación puertorriqueña compete a la Universidad una posición de liderato... Ya el campesino, ya el analfabeto, ya el hombre iletrado de llanos y montañas... cumplió con su deber... dignificó su ciudadanía... hizo limpio uso de su franquicia electoral para facilitar el estableci-

---

[53] "La reforma universitaria", pp. 178-79.

[54] *Ibid.*, p. 187.

miento de un gobierno democrático, capaz de encauzar la vida puertorriqueña por derroteros de justicia social.[55]

En realidad los rumbos de la casa no habían estado muy alejados de la trayectoria de la educación pública. Fundada en 1903, se componía de la Escuela Normal, establecida por Paul Miller en 1900, y una estación agrícola, que en 1911 se trasladará definitivamente a Mayagüez, y que incluía un programa de adiestramiento militar. Sus funciones se orientaron inicialmente a proveer de maestros, con conocimientos de inglés, al sistema de instrucción pública y al desarrollo, apenas rudimentario, de aspectos de tecnología agrícola. Además, su equipo administrativo estaba subordinado al Comisionado de Instrucción, a una Junta de Síndicos de nombramiento presidencial y a miembros ex-oficio de la legislatura insular (el Speaker de la Cámara y el Presidente del Senado). En palabras de Rodríguez Beruff:

> La división del trabajo que va surgiendo era nítidamente coherente con las exigencias ideológicas y económicas del capitalismo agrario; formación de maestros en Río Piedras, técnicos agrícolas para la industria azucarera en Mayagüez, cuadros militares en ambos. Escuela, caña y milicia parecían ser las palabras de orden. El sistema de educación considerado en conjunto tenía una base ancha y una cúspide estrecha. La universidad estaba dotada de una cabeza grande, la normal, y un cuerpo raquítico, los programas académicos y profesionales.[56]

Ya para la década del veinte –época estudiantil de la generación del treinta– la Universidad empieza a reclamar un estatuto de mayor independencia del Departamento de Instrucción Pública, ampliación de los estudios académicos y

---

[55] *Ibid.*, p. 198.

[56] *Op. cit.*, p. 12.

profesionales y acomodo de la "intelligentsia" criolla. Son los años de la huelga de 1924, de la polémica sobre el panamericanismo –el "puente entre dos culturas" cuyos ecos todavía resuenan hoy–, de la institución de la rectoría –Thomas Benner sería nombrado en 1924–, de la creación del Departamento de Estudios Hispánicos en 1927, cuyos fines y orientación, señala Rodríguez Beruff, se contraponían al viejo modelo del Colegio de Pedagogía, y de la publicación de la Revista *Indice* donde se ensayaría la ideología treintista.

La década del treinta hereda esos debates y, además, una profunda crisis social y económica cuyas repercusiones en el campo intelectual ya he discutido en ensayos previos. En la Universidad el nombramiento en 1931 del puertorriqueño Dr. Carlos Chardón a la rectoría amortiguó los reclamos nacionalistas de una universidad puertorriqueña.[57] Fortaleció, además, la presencia del sector técnico y científico y de los nuevos intelectuales que serían instrumentales en el Plan de reconstrucción económica bajo el Nuevo Trato, el cual se documenta en el Plan Chardón de 1934. Chardón representaba, hasta cierto punto, los intereses de las viejas clases, pero también de los nuevos artífices y destinatarios del proyecto modernizador. Su rectoría se caracterizó, además de sus prolongadas ausencias del ámbito universitario por encomiendas profesionales, por un cuidadoso balance entre las posturas de ambos sectores, como lo ejemplifica su ambigüedad ante la ideología panamericanista. En 1936 Juan B. Soto sustituye a Chardón y su ejecutoria se orientó sobre todo a enlazar la actividad universitaria al contexto de la problemática social puertorriqueña, a fomentar el panamericanismo y a desalentar toda forma de militancia radical.

---

[57] Sobre este tema ver "La presidencia de la Universidad", *Indice*, año II, # 19, oct de 1930, p. 299.

Un breve interinato de Rexford Tugwell en 1941 le entrega las riendas universitarias a Jaime Benítez, un intelectual de formación tradicional y juventud nacionalista, pero ya miembro bona fide del nuevo equipo dirigente. Como Muñoz para el país, su reinado sería extenso –rector de 1942 a 1965, presidente de 1966 al 1972– y, como Muñoz, su herencia es todavía visible en los hábitos y lenguajes de la comunidad universitaria. La visión de una universidad puertorriqueña aún agazapada en la marcha del pueblo de los textos de Géigel Polanco se disfrazaba de los ropajes occidentalistas de la "casa de estudios", y los reclamos de objetivos, fines, normas y estructura que Géigel Polanco propuso en su Proyecto de autonomía universitaria se diluyeron tímidamente en los alcances de la Ley de reforma de 1942. Más bien promovió el divorcio entre los "viejos" y los "nuevos" saberes y los espacios institucionales que los albergarían. Alentó nichos de cultura, sobre todo en la facultad de Humanidades, donde los iniciados en los archivos de la memoria serían sus custodios e intérpretes. Creó centros de investigación, de elaboración de información y de adiestramiento de cuadros para la administración pública afines a la plataforma social y económica populista.[58] Separó los centros y talleres dedicados al saber y la investigación científica, auspiciando una distancia aún insalvable de las ciencias humanas. Una distancia que ya se enunciaba en las ponencias del *Foro*, en el que, quizás, fue uno de sus textos más difundidos, "La misión de la Universidad" de Margot Arce. Permeada de una visión ética y, hasta cierto punto, esteticista de la educación, y en la crítica a lo que consideraba los males de la especialización y del pragmatismo, sobre todo en su vertiente técni-

---

[58] Este tema es desarrollado ampliamente en el ensayo de Angel Quintero, "La ideología populista y la institucionalización universitaria de las Ciencias Sociales", incluido en este volumen.

ca, su ponencia recoge tópicos frecuentes del discurso de las Humanidades heredero del XIX y del vitalismo orteguiano. De acuerdo a esos criterios, Margot Arce alerta sobre lo que considera el peligro de que la universidad técnica y científica prive sobre la universidad pedagógica y humanista:

> La ciencia es sólo un instrumento de la cultura... El tipo ideal de hombre que forjará la universidad es el hombre culto y no el científico. El científico es hombre imprescindible a la sociedad, pero generalmente es un hombre limitado por su especialización; sabio, pero no culto... Hay que aumentar los laboratorios y los institutos de investigación científica... pero hay que separarlos de las escuelas profesionales y de la Facultad de Cultura.[59]

La casa de estudios de Benítez se agenció una Universidad en que ambas visiones coexistieron, no en armonía y respetuoso diálogo, sino en un práctico, y cada vez más útil –para el aparato administrativo– desconocimiento. A partir de la Ley de Reforma el Colegio de Artes y Ciencias se fragmenta: La Facultad de Estudios Generales y de Humanidades en 1942; la facultad de Ciencias Sociales y de Ciencias Naturales en 1943. De igual manera se parcelan sus funciones: Pedagogía para educar, Humanidades para preservar, Estudios Generales para iniciar en el acervo común de la cultura occidental, Sociales para administrar. Los efectos de esa territorialización de saberes y funciones, la frágil alianza que maridó cultura y democracia –la cual, como en el viejo discurso liberal, creyó descubrir en la educación la panacea de todos los males sociales– y la crisis actual de sus estatutos legitimadores, motivó en gran parte la reflexión que ocupa este ensayo. El *Foro de 1940* fue su guía y pretexto.

---

[59] "La misión de la Universidad", *Foro de 1940*, pp. 237-239.

III. Desencuentros

Esos encuentros de diverso orden entre actores, instituciones y agendas del campo político e intelectual no escon-
den, sin embargo, las profundas divergencias y desencantos
que los rodearon. El debate de lo nacional fue, por ejemplo,
uno de los grandes silencios de lo que parecía un nuevo con-
trato social en el cual la cultura política de los cuarenta se
autorizaba articulándose en el lenguaje de una memoria cultural que se había labrado en los textos treintistas.[60] Pero no
se trataba de un mero ejercicio de continuidad o de mímesis
transparente. Un riguroso y pensado operativo de selección
y combinatoria lo acompañaba. El proceso afiliativo, que el
Foro ejemplifica, apunta al escamoteo o neutralización de las
propuestas, aunque conflictivas, de resistencia ante la nueva
metrópoli, centrales en el discurso treintista. El *Foro* respondía a una nueva contextualización y, en ella, los puntos de
ruptura fueron tan provocadores como las líneas de continuidad. La década del cuarenta lo será de las reformas sociales
como antesala de la industrialización que adelantaría el populismo agrupado en torno a Muñoz Marín, alejado, definitivamente, de la prédica socialista que prodigaba en sus años
de bohemio. Son los años, no de la palabra letrada, sino de
la palabra viva de Muñoz, de la inmediatez del ahora mani-
fiesta en la oralidad trazada en su recorrido "jalda arriba"
por pueblos y montañas pidiendo su voto, precisamente, a
aquellos que no se reunieron en el *Foro*. Su voz tuvo una ex-
traordinaria recepción, sobre todo a partir de los nuevos
medios de difusión de la modernidad: la radio, la que sería

---

[60] El énfasis fue fundamentalmente hispanista tomando en consideración que el criollismo era una de sus variantes. Sobre el componente
latinoamericano se lamentaba Concha Meléndez en el *Foro* de su poca
presencia y desarrollo en el diseño curricular. Ver "Puerto Rico, Tierra
inadvertida en Hispanoamérica", pp. 256-262.

fundamental en la articulación y difusión del discurso político de la urgencia. La palabra escrita, más privada, aunque secretamente pública, dejaba de ser enunciada desde el gabinete letrado para convertirse en la ideología cultural de la retórica populista. Desde ella Muñoz irá al corazón de las masas llevando en su voz una memoria cultural que afanosamente transformaba la ilusión de la "gran familia puertorriqueña" en "pueblo", una entidad tan fictiva y tan sujeta a manipulación como la otra, una categoría conceptual metaclasista sustitutiva de la nación. En todo caso se hablaría de la cuestión nacional, un signo vacío apto para ser llenado constantemente con cualquier referente que cumpliera una función de interpelación y movilización integrativa del proyecto reformador. La mediación del líder carismático, la ilusión de participación y los mitos de una identidad colectiva compartida aseguraban, así, la paz y el orden nacional, la afinada marcha del pueblo. De ese modo, competerá a la retórica populista borrar definitivamente las fronteras entre lo público y lo privado, entre la casa letrada y la casa nacional. Además, textos como *Insularismo* y *Prontuario histórico de Puerto Rico* recibían la interpretación de una lectura ideologizada que depuraría sus elementos más controvertibles y contestatarios y borraría los debates de los que fueron partícipes. Canonizados oficialmente al convertirse en textos escolares, la expansión del sistema educativo y de sus instituciones le aseguraría a esa lectura domesticada una posición hegemónica en la política cultural del estado.

Por otro lado, y sobre todo a partir de la Constitución de 1952 que creaba el Estado Libre Asociado, se operaba un cambio definitivo en las relaciones entre los intelectuales tradicionales y el Estado. En la Constitución se reconocía tanto la personalidad jurídica como cultural puertorriqueña al describirla como una colectividad integrada con características propias y símbolos representativos tales como la bandera y el himno. Se trataba de una versión oficial de la cultura que recontextualizaba el viejo discurso panamericanista al enfatizar la convivencia en Puerto Rico de las dos grandes culturas del hemisferio americano y la defensa del español y el inglés como lenguas oficiales. También establecía ciertos criterios para la conservación y mantenimiento del patrimonio cultural respecto a edificios y lugares de valor artístico y/o histórico.

Además, en los tiempos de la paz industrial (estabilidad política y desarrollo económico) el proceso de especialización concomitante a la modernización del país evidenció la parcelación entre el campo intelectual y político.[61] Si bien el *Foro* los había reunido, a estas alturas el Estado no solamente contaba con sus propios intelectuales orgánicos, sino también con sus propios aparatos administrativos y discursivos respecto a la gestión cultural. La agenda cultural, bastante desatendida durante las primeras décadas en lo que respecta a gestión gubernamental, había sido asunto casi exclusivo de las casas de la cultura, notablemente el Ateneo y la Universidad de Puerto Rico. Desde ahí, como aducíamos, los letrados intentaron intervenir la ley a partir de la letra. Pero, asegurado el control hegemónico del Partido Popular Democrático, el Estado apropia esa función e invierte la ecuación: ahora es a partir de la ley que se interviene la letra. Si la década del cuarenta se caracterizó por una intensa legislación social y económica, las décadas siguientes verá un incremento significativo en términos de legislación cultural. Varias razones justificaron ese interés: fortalecer la autonomía cultural del Estado Libre Asociado, sobre todo respec-

---

[61] "Operación Serenidad" se llamará a esta etapa a diferencia de las anteriores: "Operación Manos a la Obra" y "Operación Estado Libre Asociado". Para una discusión de las mismas ver Leonardo Santana Rabell, *Planificación y política: Un análisis crítico* (Río Piedras: Editorial Cultural, 1989).

to a su representación internacional, apoyo al desarrollo del turismo y conservación de valores e instituciones. Las primeras dos responden, sobre todo, a imperativos de cambio; la segunda de permanencia: paradigmas centrales del proyecto modernizador, como ya se había señalado. Como señala Silvia Aguiló:

> Durante la primera mitad del siglo, la acción legislativa se había limitado principalmente a crear el cargo de Historiador Oficial (1913), del Instituto de Literatura Puertorriqueña (1949), e intentos de conservación de edificios y estructuras de valor histórico. Sólo la legislación en torno a la creación de la Junta Conservadora de Valores Históricos en 1930 (Ley #27) y la creación de la Comisión Insular de Bellas Artes (Ley #148) habían sido intentos legislativos de crear organismos de mayor acción cultural, siendo sólo casos aislados y sin logros concretos.[62]

Con la creación de la División de la Educación de la Comunidad (Ley #372 de mayo de 1949), del Instituto de Cultura Puertorriqueña (Ley #89 de 1955) y la implantación del programa becado de intercambio cultural Punto Cuarto en 1950, el Estado se abría al campo internacional, unía campo

---

[62] En *Idea y concepto de la cultura puertorriqueña en la década del cincuenta* (Tesis maestría: Centro de Estudios Avanzados de Puerto Rico y el Caribe, 1987), p. 535. Ver también Edwin Harvey, *Legislación cultural* (San Juan: Instituto de Cultura Puertorriqueña, 1988).

[63] El Punto Cuarto se presentó como un programa becario de ayuda técnica, cultural y educativa aunque sus implicaciones de mediación y legitimación ante la comunidad internacional sobrepasaron esa presentación. Sobre este tema ver de Antonio Gaztambide, *The Road to Developmentalism: The Transition from the "Good Neighbor" to the "Good Partner" in U.S.-Latin American Policy; 1946-54* (Princeton: Tesis doctoral, 1986) y el ensayo de Mayra Rosario Urrutia, "Detrás de la vitrina: Expectativas del Partido Popular Democrático y política exterior norteamericana, 1942-54", incluido en este volumen.

y ciudad, técnicos y artistas, y recogía funciones hasta entonces dispersas en la escasa legislación cultural anterior.[63] Se aseguraba, también, un relativo control en la producción, difusión e interpretación de una imagen de la puertorriqueñidad afín a su proyecto político –la gran familia puertorriqueña que disfrutaba ya de los avances de la marcha del pueblo–, un control que fue criticado por algunos sectores como dirigismo cultural.

Sería incorrecto, sin embargo, otorgarle al Estado un completo dominio sobre las agendas culturales de lo que he llamado el período de la normalización. La "cultura democrática", que anunciara Muñoz en el *Foro*, no impidió focos de resistencia y de proyectos alternativos, algunos incubados, inclusive, en los propios aparatos culturales del Estado. En ellos, y con variadas inflexiones, había quedado alojada la nación. Mientras los nuevos técnicos y profesionales construían el nuevo Puerto Rico otros espacios se proclamaban herederos del nacionalismo cultural de las primeras décadas. El hispanismo no cedería terreno ante el occidentalismo entronizado en la "casa de estudios" de Benítez. El Departamento de Estudios Hispánicos, que fundara, entre otros, Federico de Onís y su discípulo Pedreira en 1927, haría de él el centro de su filosofía educativa. A esos esfuerzos se uniría el Instituto de Cultura Puertorriqueña, fundado en 1955 y con una filosofía cultural orientada fundamentalmente a la preservación de un pasado hispánico con matizadas raíces indígenas. En esos pequeños, pero efervescentes espacios culturales tolerados por el Estado, aunque se mantenía la ficción de ser miembros de una "gran familia", no era el "pueblo" del populismo, sino aquella cuyo modelo continuaba siendo la de la cultura patricia. Era una disidencia crítica, que aunque produjo un pensamiento independiente, apenas tangencialmente socavó la tradicional concentración de poder. Pero ni en una ni en otra asomó como protagonista el antillanismo blanco de un Luis Lloréns Torres ni el antillanismo negro de un Luis Palés Matos. Menos aún el emergente proletariado urbano ni el fenómeno que caracterizaría, como ningún otro, la nueva composición social: el puertorriqueño emigrante.

Tampoco asomarían en otro reducto de la nación: el discurso patriótico del nacionalismo militante cuyo lema fue "La patria es valor y sacrifico". El nacionalismo tomó la bandera de la familia puertorriqueña, no para levantar el problema de la tierra y del proletariado, sino el problema de la nación. Su discurso recogió viejos tópicos de la memoria cultural: la tierra como esencia de lo nacional, el culto a los héroes y los valores patrios. Inventó nuevamente una épica histórica de un mundo criollo hispano y católico anterior al tiempo de la caída. Pero su defensa, como en el viejo discurso decimonónico de raíz bolivariana, no descansaría en las letras, sino en las armas.[64] Así, en los fieles guardianes de una memoria cultural preindustrial –el nacionalismo cultural y el militante–, como en los francotiradores hijos del desarrollismo –José Luis González y César Andreu Iglesias bien podrían encabezar sus filas– el discurso de la normalización, instituido en abiertas alianzas y secretas rupturas, había generado, inevitablemente, sus propios hiatos. Su estudio merece otro ensayo.

---

[64] Sobre este tema ver María Elena Rodríguez Castro, "La escritura ordenadora: el ensayo decimonónico latinoamericano", *Cuadernos*, #18 (1989), pp. 135-150.

Angel G. Quintero Rivera

La ideología populista y la institucionalización universitaria de las ciencias sociales*

Este ensayo pretende iniciar un debate en torno al surgimiento de las ciencias sociales como disciplinas académicas en Puerto Rico. Ese proceso está, como intentaremos demostrar, estrechamente vinculado a la emergencia del movimiento populista. La Facultad de Ciencias Sociales de la Universidad de Puerto Rico, por ejemplo, se organiza en 1943 como parte de la Reforma Universitaria impulsada por el entonces recién fundado Partido Popular. Me propongo examinar, pues, el papel y la importancia de las Ciencias Sociales en la ideología populista y su práctica de gobierno.

La consolidación de unas disciplinas académicas propias para el análisis social supuso un distanciamiento entre la historia, como disciplina distinta, y el estudio de las problemáticas contemporáneas, preocupaciones que habían estado hasta entonces indisolublemente vinculadas (no necesariamente en la academia, pero sí en las obras más importantes de análisis social). La discusión en torno a si es o no saludable esa diferenciación disciplinaria permea muchos de nuestros debates actuales. Aunque no es el propósito de esta ponencia abordar dicha discusión, espero que pueda contribuir

---

* Agradezco la colaboración de Manuel Domenech en este proyecto.

108

a esos debates a través del examen de un período fundamental en la historia de dicha diferenciación.

Antecedentes: los frágiles y variados vínculos institucionales del análisis social de las primeras décadas de siglo

Previo a los años cuarenta, el análisis social no contaba en el país con un centro institucional que pudiera denominarse hegemónico. No partía principalmente de la *academia*; era realizado por distintos sectores sociales desde diversas posiciones institucionales. Giraba sí, alrededor de una preocupación fundamental: la vertiginosa transformación capitalista que el país experimentó en el primer cuarto de siglo. Una agricultura de agroexportación basada en la hacienda señorial, que experimentaba un incipiente y contradictorio desarrollo al capitalismo, fue desplazada rápidamente por una agroexportación capitalista centrada principalmente en la plantación azucarera de control ausentista monopólico y, secundariamente, en la elaboración del tabaco, controlada también por los emergentes *trusts* norteamericanos.

La transformación tenía, no obstante, su propia dinámica, independiente del análisis social. Las ciencias sociales tuvieron una importancia mínima en ese proceso. El análisis social no se dio, pues, como parte de, sino como reacción a la transformación socioeconómica, bien fuera un análisis crítico, apologético o remediativo de problemas resultantes del cambio.

La bibliografía crítica de análisis social se conformó por varias vertientes, todas independientes y sin vinculación institucional alguna al aparato de Estado en el país, pero relacionadas con otras instituciones que conviene señalar. Por un lado, en los comienzos mismos del proceso transformador, surgió un análisis social crítico vinculado al entonces inci-

109

piente movimiento obrero. No fue ésta una literatura de investigación, sino más bien de observación o comentario social, y de reflexión teórica sobre lo observado. A pesar de haber alcanzado un nivel analítico de considerable sofisticación y profundidad,[1] y de considerar *científicos* sus análisis (de hecho, sus autores los denominaban *sociología*), la intención de esta literatura no era científico-disciplinaria (no estaba dirigida al desarrollo de una disciplina) sino clara y abiertamente política. Aunque consideraban *sociología* la ciencia a través de la cual desarrollaban sus escritos de análisis social, los autores de esta literatura no se visualizaban a sí mismos como "sociólogos", sino como obreros militantes sindicalistas. Su trabajo sociológico era parte indisoluble de su labor en el movimiento obrero: sus escritos se publicaban en periódicos obreros o en folletos directa o indirectamente relacionados con los programas de educación y propaganda del movimiento. La labor reflexiva era, sin embargo, autónoma. Los escritos eran producidos espontáneamente; no eran encomendados, como tampoco se conocen casos en que organizaciones ejercieran limitación alguna al proceso de análisis.

---

[1] En un escrito previo analizo con cierto detenimiento el análisis social del sociólogo obrero más elocuente, el tipógrafo Ramón Romero Rosa, quien produjo su obra escrita entre 1899 y 1906: "Apuntes para una sociología del análisis social en Puerto Rico: el mundo letrado y las clases sociales en los inicios de la reflexión sociológica", cap.4 del libro *Patricios y plebeyos: burgueses, hacendados, artesanos y obreros* (San Juan: Huracán, 1988, ver especialmente pp. 252-277). Ver también de Amílcar Tirado Avilés, "Las ideas y la acción de Ramón Romero Rosa, obrero tipógrafo" (tesis de maestría para el Centro de Estudios Avanzados de Puerto Rico y el Caribe, S.J., 1976). En el libro *Lucha obrera en Puerto Rico: Antología de grandes documentos en la historia obrera puertorriqueña* (S.J.: CEREP, 1971) reproduzco algunos escritos de Romero; incluyo también una detallada bibliografía que incorpora escritos posteriores de otros militantes obreros.

Estos escritos tenían autores individuales, aunque la discusión de las observaciones y los análisis parece haber sido amplia en el movimiento. Esta socialización de la labor analítica se dio también en forma autónoma a su aparato institucional fundamental, la Federación Libre de Trabajadores (organización obrera principal entre 1899 y 1940). Sobre todo en la primera década, surgieron autónomamente (pero vinculados al movimiento) unos círculos obreros de intercambio educativo llamados *Centros de Estudios Sociales*. El potencial transformador de la sociología crítica de estos Centros fue reconocida por las autoridades coloniales, que a principios de la segunda década desataron un intenso proceso represivo a través del cual los Centros quedaron prácticamente desmantelados.[2]

La sociología obrera fue particularmente rica en los momentos en que las instituciones a las cuales estaba indirectamente ligada se encontraban en procesos de conformación: en la primera década aproximada de la Federación Libre de Trabajadores (1899-1911) y en los años que organiza su brazo político, el Partido Socialista (1914-1919). Una vez el movimiento obrero comenzó a tomar mayor concreción institucional, la actividad reflexiva de análisis social fue perdiendo preponderancia. Además, a partir de mediados de los años veinte la clase obrera comenzó a atravesar una profunda crisis directamente relacionada con procesos en la economía: a la paralización, e incluso disminución, del empleo proletarizante y, concomitantemente, al crecimiento en el desempleo y en diversas formas de sobrepoblación relativa (los empleos inestables, el chiripeo, la sobreexplotación del trabajo domiciliario, etc.). En escritos previos he intentado mostrar el tremendo impacto que esto representó para la ideología obre-

---

[2] Rubén Dávila Santiago, *El derribo de las murallas, orígenes intelectuales del socialismo en Puerto Rico* (S.J.: Cultural, 1988).

ra y para la mística optimista que fortalecía el sentido de lucha de sus organizaciones.[3] Las instituciones obreras fueron adoptando entonces una política reformista de subordinada participación gubernamental y la práctica sociológica obrera –tradicionalmente crítica– se desvaneció casi por completo.

Una segunda corriente de análisis social crítico de la transformación de Puerto Rico hacia una "sociedad de plantación" surgió vinculada a los marcos ideológico-culturales de la clase de hacendados desplazada. Dichos marcos ideológico-culturales, amenazados por la institucionalidad colonial y el tipo de economía a la cual ésta servía, tomaron concreción institucional sobre todo a nivel de la lucha política defensiva: en el Partido Unión de Puerto Rico, mayoritario electoralmente entre 1904 y 1928, pero no gobernante por la situación colonial (la participación puertorriqueña en el gobierno era entonces muy limitada y circunscrita, a nivel decisional, sólo a la rama legislativa). Los autores de la literatura de esta segunda corriente fueron, de hecho, líderes, miembros o simpatizantes del Partido Unión. Su producción sociológica fue, no obstante, autónoma; sin vinculación institucional directa con el Partido.

Su mayor vinculación institucional fue más bien con el Ateneo Puertorriqueño, institución cultural independiente fundada en el siglo XIX, que para esta época constituía, indudablemente, el más importante bastión de la *intelligentsia* patricia. El Ateneo fomentó y albergó este tipo de análisis

[3] Gervasio L. García y A.G. Quintero Rivera, *Desafío y solidaridad: Breve historia del movimiento obrero puertorriqueño* (S.J.: CEREP-Huracán, 1982) caps. 4 y 5, y en mayor detalle, en el artículo "La desintegración de la política de clases; la crisis del desarrollo del capitalismo dependiente agrario: bases materiales de la *Coalición*", *Rev. de Ciencias Sociales* (UPR, XIX: 3, sept. 1975), pp. 261-298.

社

112

social mediante concursos, invitaciones a conferencias y debates; pero los escritos los produjeron sus autores autónomamente.

La más aguda sociología desde la perspectiva del hacendado doliente la produjo Francisco M. Zeno, especialmente en sus libros *El obrero agrícola o de los campos*[4] e *Influencia de la industria azucarera en la vida antillana y sus consecuencias sociales*.[5] Estos trabajos denotan un recogido de información meticuloso, para el período, sobre las condiciones de vida del trabajador agrícola. Examinan también, ya más bien a nivel impresionista, los cambios en mentalidades generados entre los trabajadores por la plantación. Intentan mostrar el deterioro en las condiciones de vida en la ruralía que representó la supuesta "corriente civilizadora" del "maquinismo centralista". Su mayor preocupación fue el desmembramiento del tejido social, producido tanto por la explotación capitalista como por la respuesta obrera a esa explotación: "la agitación socialista" y su "perniciosa lucha de clases... con toda su secuela de odios y de mal aconsejadas ambiciones".[6] Antepone Zeno a este cuadro las bondades del paternalismo hacendado en desaparición, del "caciquismo del padre de agrego", el que defiende en forma explícita.[7]

Zeno fue un profesional proveniente de familias de estratos medios que ubicó su labor como letrado en las instituciones de la clase de hacendados, desde donde articuló a nivel analítico la visión social y las posiciones políticas de dicha clase. En los años veinte fue, de hecho, legislador por el Partido Unión.

Otros trabajos importantes dentro de esta segunda vertiente de análisis social crítico fueron el libro de José Enamo-

---

[4]   (S.J.: Imp. La Correspondencia de P.R., 1922).
[5]   (S.J.: s.e. [¿El Ateneo?], 1928).
[6]   *El obrero...*, p. 87.
[7]   *Ibid.*, cap. X.

113

rado Cuesta, *Ensayos étnico-sociológicos*[8] y los escritos de Andrés Rodríguez Vera, *Agrarismo colonial* y *Agrarismo por dentro y trabajo a domicilio*.[9] Enamorado Cuesta fue un periodista que sufrió, entre las décadas del veinte y del treinta, un proceso de radicalización: de unos escritos periodísticos meramente descriptivos de la situación en el país llegó a producir una virulenta literatura nacionalista de corte anti-imperialista.[10] Su trabajo sociológico se ubica a medio camino en ese proceso. Su preocupación fundamental en éste es también la plantación, muy imbuido aún del nacionalismo anti-plantación de los hacendados.

Rodríguez Vera, por otro lado, provenía de las filas del obrerismo. Desde una posición cooperativista, presente en los orígenes artesanales del movimiento obrero, el mayor de los males lo constituía la proletarización. Con el desarrollo de un movimiento obrero que organizaba su lucha asumiendo su realidad proletaria, Rodríguez Vera se desligó del obrerismo, convirtiéndose en su crítico más mordaz.[11] Fue acogido en el seno del Partido Unión y muchos de sus escritos fueron publicados por la imprenta de *La Democracia*, el periódico de dicho partido. Sin asumir el tono hacendado de Zeno, sino más bien un radicalismo jacobino, su crítica a la plantación proletarizante y a la respuesta proletaria lo llevaron a posiciones analíticas muy similares a las de aquél. En su crítica al capitalismo ausentista recogió y examinó mucha informa-

---

[8] (Ponce: *El Día*, 1931).

[9] Ambos (S.J.: s.e., 1929).

[10] Compárese el ensayo "Porto Rico After 24 Years of American Rule"' *Current History* (New York Times, abril, 1923), pp. 141-145 con el libro *El imperialismo yanki y la revolución en el Caribe* (S.J.: ed. Campos, 1936).

[11] *Los fantoches del obrerismo* (S.J.: Tip. Negrón Flores, 1915), *¿Federación obrera pan-americana?* (S.J.: ed. La Democracia, 1924) y *El triunfo de la apostasía* (S.J.: Tip. La Democracia, 1930).

ción valiosa sobre diversos aspectos de la situación socioeconómica del país en aquel entonces.

Toda esta segunda vertiente de análisis social puede ubicarse como parte de una importante tradición analítica caribeña cuyo eje central es la preocupación por los significados nocivos de la plantación –tan importante en el Caribe– para la integración social, para la conformación de la nacionalidad. Esta tradición fue iniciada en el siglo XIX por el analista cubano José Antonio Saco[12] y, para este período, su máxima expresión en Cuba la constituían los escritos de Ramiro Guerra y Sánchez.[13]

La tercera corriente analítica crítica a la transformación de Puerto Rico en una sociedad de plantación provino desde sectores progresistas de la metrópoli colonial. Se recogió sobre todo en dos importantes libros: uno producido en forma independiente por los esposos B. y J. Diffie, *Porto Rico: A Broken Pledge*[14] y otro preparado por una influyente institución de Washington, la Brookings Institution, *Porto Rico and Its Problems*.[15] El segundo, sobre todo, constituye un examen de la sociedad puertorriqueña basado en un acopio amplio de información recogida utilizando técnicas de investigación social modernas para ese período. En ese trabajo participaron algunos puertorriqueños que adquirieron experiencia en

---

[12] Ver ensayo de Manuel Moreno Fraginals, "Nación o plantación (El dilema político cubano visto a través de José Antonio Saco)" en Julio Le Riverend et al., *Estudios históricos americanos, Homenaje a Silvio Zavala* (México: El Colegio de México, 1953), pp. 241-272.

[13] *Azúcar y sociedad en el Caribe*, (1929, 2da ed. La Habana: Cultural, 1935). Esta visión permea el también clásico cubano de unos pocos años después, *Contrapunteo cubano del azúcar y el tabaco* del antropólogo Fernando Ortiz (La Habana: J. Montero, 1940).

[14] (Nueva York: The Vanguard Press, 1931).

[15] Victor S. Clark et al., (Washington: Brookings Inst., 1930).

dichos métodos. Conviene destacar la participación de José Colombán Rosario, quien posteriormente fue, en los años cuarenta, el más importante sociólogo puertorriqueño de su momento. El libro de la Brookings Institution incluye como apéndice un ensayo de Rosario, "The Porto Rican Peasant and his Historical Antecedents"[16] que enriquece los trabajos previos de Zeno al incorporar una mirada sociológica culturalista de la historia social al examen socioeconómico del habitante rural.

Aparte de la participación puertorriqueña en el estudio de la Brookings, estos dos libros fueron importantes para generar pocos años después un profundo interés entre el movimiento norteamericano novotratista en el estudio y los problemas de Puerto Rico.

El análisis social apologético del desarrollo del capitalismo dependiente en el país surgió cuando se hizo necesaria la apología: a finales de los años treinta, cuando ya la crisis había puesto en jaque a nivel social generalizado dicho modelo de sociedad. Fueron investigaciones directamente encomendadas por los intereses económicos que habían impulsado ese tipo de desarrollo –la Asociación de Productores de Azúcar– y producida enteramente por técnicos norteamericanos. Por un lado se encuentran las monografías escritas directamente por Dudley Smith y William Requa, los asesores económicos de la Asociación, *Some Standards for Measuring Puerto Rico's Economic and Social Progress* (1937), *The Facts about the Sugar Industry of Puerto Rico* (1939), *Puerto Rico Sugar Facts* (1939), *The Job Being Done by Sugar in Puerto Rico* (1940), *Puerto Rico's Income* (1943)[17] y *La tarifa* (1938)[18] y, por otro, un estudio más independiente o "neutral" encomenda-

---

[16] *Ibid.*, Appendix A, pp. 537-575.

[17] Todos estos publicados en Washington por la Asociación.

[18] Este publicado en San Juan, s.e.

do a prominentes miembros del *establishment* académico norteamericano: A.D. Gayer et al., *The Sugar Economy of Puerto Rico* (1938).[19]

Estos trabajos, vinculados institucionalmente a los intereses empresariales, fueron importantes en el desarrollo de la economía como ciencia social. Combinaron el estudio de la empresa con el análisis de la economía nacional, es decir, la micro con la macro economía, y elevaron la discusión de los asuntos económicos al más refinado andamiaje conceptual de la ciencia económica (de la burguesa, al menos) de entonces (producto nacional bruto, tasas de inversión, coeficientes Gini de distribución, términos de intercambio, etc.).

Es importante señalar que, paralelamente, y desde una visión crítica al capitalismo de plantación, se realizaba un estudio independiente sobre la economía azucarera, dirigido por un analista puertorriqueño, comparable a nivel técnico con los mejores estudios encomendados por la institucionalidad empresarial. Este trabajo (Esteban Bird, *Report on the Sugar Industry in Relation to the Social and Economic System of Puerto Rico*) fue completado en el 1937, pero no fue publicado hasta 1941, es decir, luego de la victoria política electoral del populismo. Fue publicado precisamente por el Senado de Puerto Rico, una vez controlado por el Partido Popular Democrático (PPD), específicamente el primer año que entraron en función los legisladores populistas. Hay que reconocer, sin embargo, que el alto nivel científico-técnico del *Report* fue propulsado en parte por el nivel técnico de los estudios pro-plantación a los cuales tenía que rebatir o presentarse como alternativa.

La defensa política de la Asociación de Productores de Azúcar, contrario a su apología económica, fue realizada por

---

[19] (N.Y.: Columbia University Press).

centralistas (dueños de centrales azucareras) puertorriqueños: R. Aboy Benítez, Pres. and R. Ramos Casellas, Sec. of the
As. of Sugar Producers of P.R., *An Examination into Some of
the Utopian Political and Economic Ideas Now Apparently in
Vogue in Puerto Rico*.[20] La pobreza de su nivel analítico con-
trasta tanto con sus propias publicaciones económicas como
con los trabajos críticos como el de Bird, que esos autores
intentan desacreditar.

La vertiente de análisis social que he llamado "remediativa" de los problemas sociales se produjo vinculada institucionalmente con las "agencias" u oficinas de la administración gubernamental. En comparación con el gobierno
español, la administración gubernamental norteamericana
utilizaba mucho más para su política pública las investigaciones sociales y las estadísticas de condiciones de vida. Ello
respondía, por un lado, a una visión más amplia de la acción
estatal, donde lo deductivo del sistema normativo se com-
plementaba con una actitud que podríamos denominar in-
ductiva en la identificación de posibles áreas de intervención. Por otro lado, respondía a una mayor centralización de
la actividad del Estado, donde funciones ejercidas antes por
los municipios serían asumidas por el gobierno "insular"
(respondiendo a su vez a una mayor macro-integración de la
economía). Esto fue generando una tradición de empleados
públicos adiestrados en la recopilación de estadísticas vitales y otro tipo de pesquisas nacionales en torno a lo econó-
mico-social. Fueron conformándose bancos de estadísticas
nacionales relativamente confiables y, de mayor importancia
aún, una conciencia de la necesidad de la información de
tipo social para el diagnóstico de los problemas que aborda-
ría la acción gubernamental.

---

[20] (S.J.: As. de prod. de azúcar, 1939).

Previo a la crisis de los treinta las áreas que recibieron mayor atención en este tipo de investigación fueron la salud pública, la vivienda y las condiciones de trabajo.[21] En los treinta, respondiendo a las nuevas concepciones keynesianas del Nuevo Trato, se añadieron a estos temas estudios de patrones de consumo y de la relación de ingresos y gastos de familias trabajadoras.[22] El Nuevo Trato, con su filosofía de un

---

[21] Ver, por ejemplo, el excelente estudio de los médicos Bailey Ashford y Pedro Gutiérrez, *Uncinariasis (Hookworm disease) in Porto Rico* (Wash.: Gov. Print. Off., 1911) y de los mismos autores, *The Economic Aspects of Hookworm Disease in Porto Rico* (Wash.: Gov. Print. Off., 1913). En éstos, la investigación médica aborda un problema que afectaba seriamente la productividad del trabajador y que revestía importantes consecuencias de tipo cultural e ideológico (toda la amplia discusión desde finales del siglo XVIII sobre la vagancia). Las observaciones socioculturales de estos investigadores médicos respecto a la población examinada en términos de aspectos de salud son de las más agudas publicadas en ese período. Otros trabajos importantes entre esta vertiente "remediativa" son los informes del US Department of Labor, *Labor Conditions in Puerto Rico*, de Azel Ames en 1901, Walter Weyl en 1905, Joseph Marcus en 1919 y posteriormente, de Alice Hanson en 1941 (todos publicados en Washington por el Government Printing Office); también del Negociado del Trabajo del gobierno "insular", *Informe sobre las condiciones de vivienda de los trabajadores de Puerto Rico* (S.J.: Gov. Print. Off., 1914).

[22] P.R., Depto. de Educación, *Rural Life in Puerto Rico* (Research Series, Bol. núm. 1, S.J.: s.f. ¿1935?); FERA (Federal Emergency Relief Administration), Luz M. Ramos, *Study on the Distribution of Weekly Expenditures of Laborers in the Urban Zone of Puerto Rico* (s.l.: FERA, 1935); S. Díaz Pacheco, *Consumo de alimentos en la zona rural de P.R.* (S.J.: Estación Experimental Agrícola, Bol. núm. 57, 1941). El estudio del consumo es incorporado también a los trabajos de las temáticas anteriormente mencionadas de salud pública y vivienda: PRRA (Puerto Rico Reconstruction Administration), Pablo Morales Otero *et al.*, "Health and Socio-economic Conditions on a Sugar Cane Plantation", *The P.R. Journal of Public Health and Tropical Medicine* (XII: 4, junio de 1937), pp. 405-490 y PRRA, Manuel A. Pérez, *Estudio preliminar de las condiciones de vida en los arrabales de San Juan* (S.J.: PRRA, 1939).

papel más activo del gobierno y una mayor injerencia de la esfera estatal, incrementó el fomento de este tipo de estudio, sobre todo ante la crisis social producida por el fracaso del modelo socioeconómico del capitalismo de plantación. Los libros de la Brookings y de los Diffie antes mencionados crearon conciencia en el público liberal norteamericano de la gravedad de la situación social en su colonia caribeña (generada precisamente por la propia política económica colonial) y el enorme campo que, por tanto, se abría a la experimentación reformista desde el Estado. Para ello era importante un conocimiento más detallado de la condición social. Además de su impacto en el aumento de personal adiestrado en la investigación, es importante notar que los estudios de las "agencias" novotratistas citados en la nota al calce anterior, en contraste con muchos del gobierno colonial previos a estos programas, fueron encomendados a profesionales puertorriqueños, algunos de los cuales asumirían posteriormente posiciones de cierto liderato en el gobierno populista.[23]

Una última vertiente de análisis que quisiera mencionar en esta introducción es la que podríamos denominar el ensayismo en torno a la identidad. A finales de los años veinte, la clase residente antiguamente cuasihegemónica de hacendados había sufrido frente al imperialismo la quiebra de las bases estructurales mismas de su existencia e importantes puntos de apoyo en la superestructura. La ausencia de una clase con aspiraciones hegemónicas reales, conjuntamente con el desvanecimiento del proyecto alternativo de los trabajadores, produjo una profunda crisis cultural en el país, que la intelectualidad humanista denominó como la "búsqueda de la identidad". En palabras de Antonio S. Pedreira, su más aclamado representante

---

[23] Manuel A. Pérez fue Secretario del Trabajo a principios de los cuarenta y Pablo Morales Otero fue legislador (Representante por acumulación) de 1952 a 1956.

120

A la larga, el tema responde a un ¿cómo somos? o a un ¿qué somos? los puertorriqueños globalmente considerados. Intentamos recoger los elementos dispersos que laten en el fondo de nuestra cultura y sorprenden los puntos culminantes de nuestra psicología colectiva.[24]

En 1929 algunos de los intelectuales jóvenes más destacados, entre ellos Pedreira, se agruparon en torno a la publicación de una revista, *Indice*. En la presentación de su primer número, la Revista señalaba: "concedemos superioridad a ¿? sobre ¡!",[25] manifestando el espíritu inquisidor que demandaban los tiempos. En su segundo número, *Indice* inicia lo que denominó una "encuesta de definición y orientación" alrededor de las siguientes preguntas:

¿Qué somos? ¿Cómo somos?

1. ¿Cree usted que nuestra personalidad como pueblo está completamente definida?

2. ¿Existe una manera de ser inconfundible y genuinamente puertorriqueña?

3. ¿Cuáles son los signos definitorios de nuestro carácter colectivo?[26]

La encuesta no estaba pensada para que se contestara masivamente (realmente no interesaba aún la opinión general), sino para que diversos líderes intelectuales expresaran su opinión. Aguijoneados por esas preguntas, pocos años des-

---

[24] *Insularismo* (Madrid: Tip. Artística, 1934), pp. 9-10.

[25] *Indice, mensuario de historia, literatura y ciencia*, 26/4/29 a 28/7/31 ed. facsimilar, S.J. 1979, p. 1. Además de Pedreira, los fundadores de la revista fueron A. Collado Martell, Vicente Géigel Polanco y Samuel R. Quiñones. Pedreira y Collado murieron jóvenes, en los treinta; los restantes fueron fundadores y líderes prominentes del PPD.

[26] *Ibid.*, 13/5/29, p. 18.

pués, entre 1934 y 1936, dos de los editores de *Indice* y otros dos miembros de esa generación intelectual produjeron, independientemente pero dentro de un amplio intercambio de ideas, cuatro escritos de interpretación nacional que tuvieron un gran impacto en ese momento: los libros de Pedreira, *Insularismo* (1934),[27] Tomás Blanco, *Prontuario histórico de Puerto Rico* (1935)[28] y Emilio S. Belaval, *Problemas de la cultura puertorriqueña* (1935)[29] y el ensayo de Vicente Géigel Polanco, "Puerto Rico: ¿pueblo o muchedumbre?".[30]

Estos escritos ensayan un análisis de la sociedad puertorriqueña a partir de su historia, indagando los significados culturales de su proceso de formación; proceso endógeno que había sufrido un disloque con la intervención colonial externa, con la avasalladora transformación hacia la economía de plantación. Las "nefastas" consecuencias sociales de la plantación recurren como blanco principal de la crítica social. Estos escritos que parten, en su análisis social crítico, de la historia, no fueron, sin embargo, trabajos de investigación histórica, sino más bien de reinterpretación histórica basada en materiales producidos o recopilados principalmente por la historiografía del siglo XIX. En términos de aproximación disciplinaria, sistemática, al estudio de la sociedad, el aporte de estos trabajos no podría considerarse sustancial; pero la fuerza de sus paradigmas interpretativos fue fundamental en la conformación de la cosmovisión populista.[31] Estos escritos fueron importantes también por su

---

[27] *Op. cit.*

[28] (Madrid: Imp. de Juan Pueyo).

[29] Uso ed. del 1977 (S.J.: Ed. Cultural).

[30] Incluido en su libro *El despertar de un pueblo* (S.J.: BAP, 1942).

[31] Ver el sugerente "Estudio preliminar" de Arcadio Díaz Quiñones a la reimpresión de otro de los escritos de Tomás Blanco, *El prejuicio racial en Puerto Rico* (1942, S.J.: Huracán, 1985).

énfasis en la importancia de la historia y sus disloques para el examen social del presente. Plantearon además una cantera de interrogantes que sirvieron de orientación a investigaciones posteriores.

El ensayismo en torno a la identidad representó un acercamiento a lo social desde las humanidades. Sus autores fueron principalmente literatos (dos de ellos, abogados-escritores). Es importante destacar la vinculación institucional de sólo uno de ellos; de hecho, el de mayor impacto: Pedreira. De todos los autores aludidos en esta introducción (con la excepción de Colombán Rosario, cuya importancia es posterior, en los cuarenta), sólo Pedreira estaba ubicado en la Universidad de Puerto Rico (UPR). Pedreira era fundamentalmente un profesor universitario; miembro del Departamento de Estudios Hispánicos, la única unidad académica que alcanzaba entonces un nivel intelectual de altura en términos internacionales. Fue un líder académico, alrededor de quien se nucleaban los grupos que favorecían la modernización de la Universidad,[32] institución estatal fundada en 1903 principalmente para la preparación de maestros de escuela.

Fue precisamente en una UPR modernizada por el populismo triunfante en el 1940 donde se inició el proceso de institucionalización de las ciencias sociales en el país.

Los profesionales, el populismo y la institucionalización universitaria de las ciencias sociales

Es necesario ubicar la institucionalización de las ciencias sociales en la dinámica socioeconómica del sector profesional, que a través de la política populista impulsaría los inicios de dicho proceso. El sector profesional experimentó un

---

[32] Ver de Jorge Rodríguez Beruff, "Antonio S. Pedreira, la Universidad y el proyecto populista", *Revista de Administración Pública* (UPR, XVIII: 2, marzo, 1986), pp. 5-21.

importante crecimiento a principios de siglo, como resultado de la demanda generada por la mayor macrointegración económica del modo de producción capitalista frente a la economía señorial anterior. La economía de monocultivo agrícola no ofrecía un margen amplio a este desarrollo. La dinámica generada en el desarrollo de los servicios profesionales mantuvo, en la década de 1930, un crecimiento desproporcionado con relación a su base económica productiva y, dialécticamente, los sectores sociales que abarcaba comenzaron a presionar por un cambio en la base productiva anterior ya agotada.

Las profesiones proporcionaron el canal más importante de reubicación socioeconómica a los descendientes de los propietarios de la agricultura tradicional, en vertiginosa decadencia.[33] La agudización de esa decadencia con la crisis de los años treinta acrecentó la presión sobre este canal de ubicación precisamente cuando la demanda de empleo profesional en la economía de plantación llegaba a un nivel de saturación. Un estudio realizado en un municipio del interior encontró que la migración hacia San Juan en el período entre las dos guerras mundiales fue más intensa entre "grupos de clase alta" y dos de las tres razones que se ofrecen para ello confirman a nivel local lo que hemos estado presentando:

to find better business and professional opportunities, and to be able to send their children to the University.[34]

---

[33] Isabel Picó, "Origins of the Puerto Rican Student Movement Under US Domination (1903-1930)", en A. López y J. Petras eds., *Puerto Rico and Puerto Ricans, Studies in History and Society* (N.Y.: J. Wiley & Sons, 1974), p. 177.

[34] J.P. Augelli, "Geography of Agriculture and Settlements in Interior Puerto Rico" (tesis PhD inédita, Harvard, 1950), p. 156 y "San Lorenzo: A Case Study of Recent Migration in Interior Puerto Rico", *The American Journal of Economics and Sociology* (XI: 2, enero, 1952).

A finales de los años treinta eran corrientes los comentarios de este tipo:

...middle class boys are *flooding* the streams of professional life. Commercial chances for them become fewer almost daily.[35]

Except for the top-notchers, professionals find themselves without much paying clientele; and their ranks are being increased by the flow of fresh graduates.[36]

En la década del 1930 una generación de hijos de hacendados, medianos y pequeños agricultores junto a algunos hijos de artesanos compartieron una situación de estrechez económica mientras estudiaban juntos en la escuela secundaria o en la Universidad. Existían, definitivamente, diferencias importantes en los niveles de ingreso; no obstante, se compartía una concepción de su situación como de estrechez y sacrificio,[37] y, más importante aún, compartían un futuro de

---

[35] E.M. Matsner y W. Laidlow, "Puerto Rico: Old Woman in a Shoe", *North American Review*, invierno, 1937, p. 7.

[36] M.W. Royse, *Puerto Rico* (N.Y.: ACA Gallery Pub., s.f. ¿1938?), pp. 3-4.

[37] En 1968 se publicó un libro de biografías cortas de hombres públicos importantes en ese momento, en el gobierno, el comercio y las finanzas, la mayoría de los cuales pertenecía a la generación que describo en el texto: estudiantes a finales de los veinte y en los treinta: Angel Jiménez Lugo, *Huella de vencedores* (Barcelona: ed. Miguza). No sólo es casi unánime la descripción de estrechez y sacrificio cuando se hace referencia a ese período, sino además, es prácticamente eso lo que le da cierta cohesión al libro (ojo al título). Los subtítulos de cada biografía son muy ilustrativos: "Portero que llega a Speaker", "De mensajero a senador", "Del orfanato a la academía", "El jíbaro se hace banquero", "Erase un cortador de cañas", "Fue mensajero del Banco (el ahora dueño)", "Los mil y un infortunios", "De listero de obras a senador", "Un drama desesperado", "Cocinero llega a senador", "Caramelero, boxeador y juez", "Boticario que hoy mueve millones", "Repartía compras en Harlem", "Acarreaba purrones de leche", etc.

incertidumbre como profesionales en una sociedad donde se iban limitando progresivamente sus posibilidades de ubicación en la economía. Las familias de muchos habían perdido sus tierras o sentían la amenaza de perderlas: en 1935 el 79% del área cafetalera estaba bajo hipoteca, hipotecas que representaban el 102% de su valor; el 64% del área tabacalera estaba bajo hipotecas que representaban un 98% de su valor.[38] Se fue generalizando la idea de "dejarle a sus hijos algo que nadie les pudiera quitar: una carrera",[39] pero estaban limitados "los carriles de la pista".

Un estudio realizado por la administración de la UPR en 1932 encontró que de sus graduados en 1929, 43.8% se encontraba aún desempleado y 56.6% de los graduados en 1930 y 1931.[40] La dinámica que llevaba el sector profesional pudo absorber cierto aumento en el empleo: 42% de aumento entre 1930 y 1940. Sin embargo, este aumento representó una gran reducción en el ritmo de crecimiento que había experimentado el sector en las décadas anteriores: 150% entre 1910 y 1920 y 102% entre 1920 y 1930.[41] Se reducía el ritmo de cre-

---

[38] Sol L. Descartes, "La situación hipotecaria rural", Estación Experimental Agrícola, UPR, Boletín núm. 42, S.J., enero de 1936, p. 22; M. Marsal, *Puerto Rico en la línea* (La Habana: Ed. de la Rev. Masas, s.f. ¿1935?), p. 41.

[39] "La mayor parte de los que frecuentan el recinto son representantes de la clase media, ni proletaria, ni acomodada", José Gueits, "Trabajo y estudio forman en el campus una nueva generación de profesionales", *La Torre* (II: 45, noviembre, 1940), p. 2.

[40] José Gueits, *Estudio acerca del desempleo de graduados de los años 1929, 1930 y 1931*, según citado por Isabel Picó, *La protesta estudiantil en la década del 30: del nacionalismo cultural al nacionalismo político* (S.J.: CEREP, Cuaderno 3, 1974), p. 157.

[41] Calculado a base de cifras presentadas por H. Perloff, *Puerto Rico's Economic Future, A Study in Planned Development* (Chicago: The U. of Chicago Press, 1950), p. 401. Más detalles en Cuadro 8 de un trabajo previo: A.G. Quintero Rivera, *Bases sociales de la transformación ideológica del PPD* (S.J.: CEREP, Cuaderno 6, 1975).

cimiento precisamente cuando llegaba a niveles de desenfreno la expansión en la oferta, en gran medida generada, asimismo, por las tasas de crecimiento anteriores.

Respecto a la saturación en la demanda de empleo profesional, es muy ilustrativo también el análisis de la ubicación patronal del empleo. En el proceso de creciente integración macro-económica de la transformación capitalista inicial de la economía de plantaciones, el grueso del empleo profesional (dejando fuera al magisterio) lo absorbía la industria y el comercio. Por ejemplo, entre 1899 y 1910 los contables, cajeros y tenedores de libros casi se triplicaron en número (288.5% de aumento).[42] Una vez consolidada esta economía comenzaron a darse fenómenos como estos:

1. Cerca de 75% de los agrónomos graduados entre 1915 y 1934 trabajaban en 1935 en el servicio público.[43]

2. El 52.5% de los graduados de la Facultad de Administración Comercial entre 1931 y 1938 trabajaba en 1938 con el gobierno.[44]

No se tienen estadísticas similares para otros tipos de profesionales, pero si éste era el caso para estas dos profesiones, fomentadas por la transformación capitalista de plantaciones, podemos imaginar la situación de aquellos gradua-

---

[42] Calculado a base de las cifras de los Censos, citadas por Picó, *La protesta...*, p. 141.

[43] Luis A. Izquierdo, "Nuestros agrónomos: su labor y sus cargos", *Rev. de Obras Públicas* (XII: 11, mayo de 1935) citado en *Ibid.*, p. 148.

[44] Samuel L. Rodríguez, "Estado profesional de los graduados de Administración Comercial", *Boletín de la UPR* (2), p. 19. Es importante señalar también de este estudio que el tipo de empleo mejor remunerado se encontró que fue el empleo independiente, llamado también "negocio propio", y, no obstante, representaba sólo el 2.6% de la muestra.

dos de Artes Liberales y Educación, que representaban en 1930 cerca del 60% de la matrícula universitaria total.[45]

Hacia finales de la década del 1930, con la excepción de reducidos sectores sociales, todos en Puerto Rico sufrían decepciones, privaciones o pobreza. El capitalismo de plantaciones, a través de las corporaciones ausentistas y los centralistas locales, era visto socialmente como responsable de la situación: representaba la miseria de los trabajadores, la quiebra de los hacendados, la pauperización de los campesinos de pequeña tenencia, las degradaciones y humillaciones de los medianos y pequeños agricultores como colonos cañeros o cosecheros de tabaco hipotecados, el empleo inestable y el desempleo, y la limitación en la participación económica del creciente sector profesional. Ante los procesos que abarcaba esta situación, las divisiones de clases tradicionales fueron resquebrajándose, se facilitó un nuevo tipo de lucha social que configuró políticamente el populismo: la unión del pueblo contra los enemigos del pueblo.

El populismo en Puerto Rico fue impulsado y dirigido por un sector profesional que en los treinta provenía principalmente de familias de hacendados arruinados y de estratos inferiores en el mundo de la hacienda. Llevaba consigo tradiciones y elementos culturales de esa clase moribunda, pero acrisolados por la desubicación estructural de la movilidad ocupacional y la crisis cultural de identidad que producía la agonía de la antigua clase nacional con vocación hegemónica, de la cual se sentían herederos los miembros de este sector. Descalabrado el pasado y tremendamente inestable la ubicación estructural presente, este sector fue configurando una clase en términos de un proyecto político que proveyera la base material de la nueva hegemonía a la cual se aspiraba. El gran crecimiento de la importancia del sector

---

[45] I. Picó, *La protesta...*, p. 154.

del gobierno en la economía en el último lustro de la década del 1930 con la implantación de los programas del Nuevo Trato, la participación de los nuevos profesionales en dichos experimentos liberales novotratistas y la ilusión en éstos de una posible redirección gubernamental de la economía a través de la planificación estatal, sentaron las bases para el nuevo proyecto político: la constitución de un Estado propio en el país, que encarnara al pueblo y, a través del Estado, el dominio político de la necesaria reconstrucción económica de la colonia en crisis.

El PPD se constituyó en 1938 en torno a este proyecto, alrededor del cual los herederos de la difunda tradición hegemónica de hacendados se manifestaron como algo más que un mero sector social profesional, intermediario en la economía o proveedor de servicios; se manifestaron como una clase en formación. En 1940 el PPD logró una apretada victoria electoral, que se tornó en una amplia mayoría para las elecciones de 1944 y sucesivamente en los siguientes veinte años.

En el proyecto pepedeísta el control clasista sobre el proceso económico se daría a través de la planificación estatal,[46] y la legitimación social de ese control, a través de la ideología populista.[47] Populismo y planificación estaban, en la po-

---

[46] El énfasis en la planificación en los primeros años de gobierno pepedeísta y el papel de esta clase social en formación en este proceso puede constatarse en F.S. Cohen, "Science and Politics in Plans for Puerto Rico", *Journal of Social Issues* (III: 4, otoño de 1947); C.T. Goodsell, *Administración de una revolución* (S.J.: ed. UPR, 1967); P.C. Newman, ed., *Planning for Puerto Rico* (S.J.: UPR, 1945); Clarence Senior, "Research and Administration in Economic Reconstruction", *J. of Social Issues* (III: 4, otoño, 1947) entre otros.

[47] El análisis más abarcador de esta ideología en Puerto Rico puede leerse en Emilio González Díaz, "El populismo en Puerto Rico: 1938-1952" (tesis de Doctorado inédita, UNAM, México, 1977).

lítica pepedeísta, indisolublemente interrelacionados, y son ambos fundamentales para entender los comienzos de la institucionalización de las ciencias sociales en el país. La ideología populista se basaba sobre la concepción de un mundo maniqueo: la división fundamental de la sociedad se daba entre los buenos –el pueblo– y los malos –los enemigos del pueblo, que eran los grandes intereses económicos explotadores (las corporaciones del capitalismo de plantaciones) y los políticos corruptos que permitían dicha explotación–.[48]

La realidad estructural estaba presente en esta ideología sólo como marco o escenario a esa lucha maniquea y no como factor determinante o principal. La importancia otorgada al papel del gobierno o el Estado está íntimamente vinculada a esta concepción maniquea. Los grandes intereses económicos pueden explotar al pueblo por los políticos corruptos, porque el gobierno es comprado y no representa realmente al pueblo. Pero si el pueblo se constituye en gobierno, el Estado no permitiría la victoria del villano.[49] Dentro de esta concepción maniquea el PPD entendía que la política económica del gobierno dictaría las pautas de la producción (a través de la planificación), asegurando así el triunfo de la justicia social.[50]

Para el PPD el pueblo estaba formado por clases que compartían una condición de explotación y se complementaban en la búsqueda del bien común. Convencidos de esta complementaridad,[51] en una aceptación tácita de la división de trabajo capitalista (en la concepción maniquea el mal no radicaba en el capitalismo, sino en los capitalistas explotado-

[48] Luis Muñoz Marín en *El Imparcial* 29/2/40, p. 8.

[49] PPD, *Catecismo del pueblo* (S.J.: PPD, 1940) preguntas 32 y 33.

[50] Ver programas de 1940 y 1944 en PPD, *Compilación de programas*, (S.J.: PPD, s.f.), pp. 1-25.

[51] E.g., PPD, *El libro del pueblo* (S.J.: PPD, 1959), p. 45.

res), el PPD nunca postuló el desarrollo del pueblo hacia una sociedad sin clases, sino el logro de la justicia social para las clases;[52] para las clases que sufrían al enemigo del bienestar común, a la vez que podían, en su unión, contribuir al logro de dicho bienestar.[53]

En la concepción del gobierno democrático como representante del pueblo, junto a la concepción del pueblo formado por las clases económicas populares a las cuales se les reconocen intereses particulares, ninguna de estas clases económicas tradicionales –obrera, campesina, comercial, agricultora– puede hacer el gobierno, puesto que gobernaría en beneficio de sus particulares intereses. Todas deben estar representadas en el gobierno,[54] que debe estar dirigido, sin embargo, por una clase no configurada en términos de sectores económicos, sino en torno a la acción gubernamental misma que representa al pueblo; una clase política o de Estado.

El sector-de-profesionales-haciéndose-clase precisamente en torno a un proyecto político de acción estatal, esa "clase media líder" a que se refiere su líder máximo, Luis Muñoz Marín, en sus discursos de campaña electoral,[55] clase que se configura en términos del *servicio* público, en la medida en que sus intereses radican en la acción del Gobierno, que es encarnación del pueblo o su poder, no tiene intereses particulares y es, por tanto, la llamada a dirigir la lucha del pueblo en su unidad. Es una clase que se debe al pueblo, porque

---

[52] Géigel Polanco, *El despertar*..., pp. 205-206.

[53] Ver e.g., "PPD en acción", *El Imparcial*, 19/6/40, p. 27; artículo del pepedeísta Carlos Ramón Benítez en *El Imparcial*, 3/8/40, p. 15; entrevista a Muñoz Marín en *El Imparcial*, 8/8/40, p. 8.

[54] *El Imparcial*, 8/8/40, p. 8 y 17/8/40, p. 16.

[55] Reproducidos en Angel M. Torregrosa, *Luis Muñoz Marín, su vida y su patriótica obra* (S.J.: Ed. Esther, 1944).

se conforma en torno a la encarnación del poder del pueblo en el Estado.

Para evitar que el interés de cualquier sector social prevalezca sobre el bien común, el movimiento populista lidereado por esa clase-en-formación de profesionales desarrolló la visión de que la política gubernamental se formulase sobre bases objetivas, científicas. Por ello, la importancia de unas ciencias de la sociedad: la importancia de las ciencias sociales. Uno de los puntos del Programa del Partido Popular para las elecciones de 1940 fue la modernización de la Universidad del Estado, que incluía el reconocimiento de su autonomía (para librarla de los intereses partidistas) y el establecimiento de una unidad académica particular para las ciencias sociales.

En ese momento existían en Puerto Rico sólo tres instituciones de educación universitaria: dos privadas, muy pequeñas, y la universidad del Estado, que era, por mucho, la de mayor importancia, tanto en términos de matrícula como de los programas que ofrecía. El Instituto Politécnico fue fundado en el pueblo de San Germán, en el suroeste del país, por intereses privados norteamericanos vinculados con la iglesia protestante. Se originó en 1912 como escuela primaria y secundaria. En 1921 comenzó a ofrecer cursos universitarios y en 1927 confirió sus primeros grados de B.A.[56] Su programa académico era entonces prácticamente calcado de instituciones similares en los Estados Unidos e incluía, como aquellas, algunos cursos de ciencias sociales,[57] que revestían, sin embargo, una importancia muy secundaria en la institución. El segundo organismo privado era el Colegio de las Madres, fundado en San Juan en el siglo XIX (1880) por las monjas de

---

[56] Universidad Interamericana de Puerto Rico, *Catálogo general 1987-89* (S.J.: UIA, 1987), p. 26.

[57] Entrevista al Dr. Pedro Javier Boscio, julio, 1989.

132

la Orden del Sagrado Corazón para la educación de "señoritas" de familias "pudientes". Hasta el 1935 fue también sólo una escuela primaria y secundaria. En ese año comienza su programa de B.A. universitario, pero no se enseñaron cursos de ciencias sociales hasta treinta años después (1965).[58]

La educación universitaria estaba centrada, realmente, en la universidad del Estado, al punto que se le conocía sencillamente como la Universidad. Como señalamos antes, fue fundada en 1903, en Río Piedras, municipio adyacente a la capital (hoy parte de San Juan). Previo a la Reforma Universitaria que impulsó el movimiento populista a raíz de su victoria electoral de 1940, existían algunos cursos de ciencias sociales, pero diseminados en distintas unidades académicas. El programa de economía estaba en la Facultad de Administración Comercial y enfatizaba, por tanto, las técnicas de análisis de empresas. Los cursos de psicología estaban en la Facultad de Pedagogía y abordaban, principalmente, los problemas del aprendizaje. Dicha Facultad albergaba también el Programa de Trabajo Social,[59] lo que limitaba su enfoque a problemas de la familia y su entorno social que pudieran afectar a los niños en las escuelas. Existía un Colegio de Artes y Ciencias, anteriormente denominado Colegio de Artes Liberales (entre 1910 y 1931), donde se enseñaban los pocos cursos existentes de Geografía, Ciencias Políticas, Sociología[60] e Historia.

---

[58] Documentos del Departamento de Ciencias Sociales de la Universidad del Sagrado Corazón.

[59] Los cursos de Trabajo Social comenzaron a ofrecerse en 1929, paralelamente con la crisis económica internacional conocida como La Depresión. Como Programa se organizó en 1934.

[60] Existían algunos cursos de Sociología también en la Facultad de Pedagogía.

En 1942 la Legislatura, dominada por el movimiento populista, aprueba la ley de Reforma Universitaria, que sustituye el Colegio de Artes y Ciencias por Facultades especializadas en Ciencias Naturales, Humanidades y Ciencias Sociales. La Facultad de Ciencias Sociales comenzó a funcionar en agosto de 1943, agrupando el Programa de Trabajo Social, el Departamento de Economía y los cursos antes mencionados de Psicología, Geografía, Ciencias Políticas y Sociología[61] (el programa de Historia se organizó en la Facultad de Humanidades, donde permanece hasta hoy). Al siguiente año se organizaron como unidades autónomas la Escuela de Administración Pública y el Centro de Investigaciones Sociales, que se incorporaron a la Facultad de Ciencias Sociales tres años después. La Reforma instituyó también unos cursos básicos que debía tomar todo estudiante, uno de ellos sobre Ciencias Sociales.

En los primeros años del movimiento populista, la participación puertorriqueña en el gobierno fue muy limitada. La mayor injerencia se dió a través de la rama legislativa, ya que a partir de 1917 el colonialismo aprobó que el parlamento "insular" fuera enteramente elegido por sufragio popular, aunque siempre supeditado a los dictámenes del Congreso norteamericano. La rama gubernativa principal, siguiendo el presidencialismo norteamericano, siguió siendo la rama ejecutiva, que era directamente controlada por la metrópoli (los gobernadores eran nombrados por el presidente de los Estados Unidos y hasta 1946 fueron siempre norteamericanos). Una de las principales luchas del populismo en la década del 1940 fue ir adquiriendo control de la rama ejecutiva, hasta

---

[61] La información relativa a la organización y programas de la Facultad de Ciencias Sociales de la UPR en Río Piedras se obtuvo del examen detallado de los *Informe Anual* producidos por los sucesivos decanos de la Facultad desde el año académico 1943-44 hasta el 1987-88.

constituir en el país un Estado propio a través del cual ejer-
cería su hegemonía esa clase-en-formación de profesionales
"servidores" públicos descendientes de la tradición hegemónica de la difunta o moribunda clase de hacendados.

A principios de los años cuarenta, en plena Segunda
Guerra Mundial, era muy importante para los Estados Unidos, por razones militares, retener a Puerto Rico[62] y para ello
era conveniente evitar una situación de ebullición social interna. La victoria electoral del PPD, de un partido que postulaba importantes cambios socio-económicos y se manifes-
taba a favor de la independencia para el país,[63] culminó toda
una amplia gama de manifestaciones de descontento que
venían recibiendo las esferas gubernamentales metropolita-
nas desde los primeros escritos críticos norteamericanos aludidos en la sección anterior.[64] Como profesionales moderni-

---

[62] Ver, Judd Polk, "Plight of Puerto Rico", *Political Science Quarterly*
(LVIII: 4, dic, 1942), p. 484; Col. William C. Rigby y Enrique Ortega, *The
Shipping Situation in Puerto Rico* (Wash.: s.ed., 1940); Capt. G.S. Bryan, *La
geografía y la defensa del Caribe y del Canal de Panamá* (La Habana: s.ed.,
1941); también las memorias sobre Puerto Rico de Rexford G. Tugwell,
The Stricken Land, (Garden City, N.J.: Doubleday, 1947). En éstas Tugwell
relata cómo trató de convencer a los políticos populistas para que deja-
ran descansar hasta terminada la guerra la discusión en torno a la independencia. Ver también el reciente libro de Jorge Rodríguez Beruff, *Política militar y dominación, Puerto Rico en el contexto latinoamericano* (S.J.:
Huracán, 1988), sobre todo el cap. 1.

[63] La aspiración de la independencia es consignada en forma evidente, aunque un tanto solapada, en el *Programa* del Partido de 1940. Ver
PPD, *Compilación*..., p. 19. Como consignada lo entendieron también los
sectores más nacionalistas del Partido, (ver e.g., *El Imparcial* 24/7/40, p.
2), como también otros simpatizantes no independentistas (e,g,, *El Imparcial* 20/7/40, p. 31).

[64] Fue muy impactante también el libro de Wenzell Brown, que lleva el sugestivo título de *Dynamite on Our Doorstep, Puerto Rican Paradox*
(N.Y.: Greenberg, 1945). Ver también de Santiago Ortiz, *American Press*

zantes, muchos líderes del populismo, además, habían establecido en los treinta estrechas relaciones con liberales novotratistas vinculados al gobierno.[65] Respondiendo a estos factores, en 1941 el Presidente Roosevelt nombró como Gobernador de Puerto Rico a Rexford G. Tugwell, un académico norteamericano que había adquirido notoriedad en los programas de planificación de la administración de Fiorello La Guardia en Nueva York como uno de los cuadros técnicos novotratistas más radicales.[66]

Con la gobernación de Tugwell, el PPD alcanzó considerable injerencia en la rama ejecutiva y en los Estados Unidos comenzaron las referencias a los pepedeístas como los "Puerto Rican New Dealers".[67] En esos años el populismo fue afinando su programa de gobierno y desarrollando una concepción más clara de su estrategia política y del tipo de sociedad hacia la cual querían dirigir el país. En 1946, terminada la Guerra, Tugwell recomendó que lo sustituyeran por un gobernador puertorriqueño y el PPD logró un mayor control sobre la rama ejecutiva cuando el Presidente nombró a un líder pepedeísta, Jesús T. Piñero, antiguo líder de la Asociación de Colonos, como gobernador. El control pepedeísta del ejecutivo se consolidó con la Ley del Gobernador Elec-

---

Opinion with References to Politics and Government in Puerto Rico (Wash.: Of. de P.R. en Wash., 1946).

[65] Thomas Mathews, *Puerto Rican Politics and the New Deal*, (Gainesville: U. of Florida Press, 1960); Royse, *Puerto...*, pp. 12-14; también Tugwell, *The Stricken...*

[66] *Ibid.* y también de Tugwell, *The Art of Politics, as practiced by three Great Americans: Franklin D. Roosevelt, Luis Muñoz Marín and Fiorello LaGuardia* (Garden City: Doubleday, 1958). Ver análisis de James L. Dietz, *Historia económica de Puerto Rico* (Río Piedras, Huracán, 1989), pp. 202-203.

[67] Ver e.g., Louise Blanco, "Puerto Rico's New Deal", *The Nation* 25/1/41; Polk, "Plight...", p. 503.

tivo dos años después (1948), cuando por primera vez en su historia el electorado puertorriqueño eligió su gobernador. Ganó las elecciones por amplia mayoría el gran caudillo del populismo, Luis Muñoz Marín, quien ocuparía el cargo, venciendo en sucesivas elecciones, hasta 1964. La lucha pepedeísta por el desarrollo de un gobierno propio culminó en 1952 con el establecimiento de un nuevo régimen de relaciones con los Estados Unidos denominado Estado Libre Asociado (ELA). Aunque retenía ciertas e importantes limitaciones coloniales, el ELA establecía un grado de autonomía suficiente como para que el populismo entendiera que, por fin, controlaba el aparato de Estado, que formulaba la política pública, en fin, que gobernaba.

Meses antes de haber sido nombrado gobernador, Tugwell fue designado Rector de la UPR, imprimiéndole un cariz novotratista al proceso de Reforma Universitaria que cuajaba entonces. Por un período corto ejerció simultáneamente ambos cargos, pero el postulado de autonomía que la Reforma suponía lo obligó a dejar la rectoría. Habiendo muerto Pedreira, el líder universitario indiscutible, se designó para sustituir a Tugwell a un joven académico, descendiente de familias de hacendados y miembro fundador del PPD, Jaime Benítez. Este retomaría de Pedreira la visión universalista de la modernidad. Como sentenciaba *Insularismo*:

> Romper las murallas de este aislamiento, para mirar en torno, es el deber de la juventud puertorriqueña. Para que el mundo nos conozca y nos potencie hay que dejar de ser Robinson Crusoe. (p. 170)

El estudio del país para su modernización habría que canalizarlo a través del más elevado conocimiento del pensamiento occidental. Más adelante volveremos sobre las implicaciones de ello para las ciencias sociales de ese momento en el país.

En los años iniciales de la Reforma Universitaria el populismo, batallando por configurar un Estado propio, meramente incursionó en un poder ejecutivo aún controlado desde Washington. Benítez nombró como primer decano de la
Facultad de Ciencias Sociales a uno de los ideólogos del Partido Popular más cercanos a su líder máximo, Antonio J.
Colorado. Este había sido a principios de los treinta un radical líder estudiantil que compartía las preocupaciones del
ensayismo de la identidad.[68] Era, como esos autores, fundamentalmente un humanista hondamente preocupado por lo
social.

En el año de 1947 cuajaron una serie de procesos fundamentales en la historia del populismo y de la institucionalización de las ciencias sociales. Con la gobernación de Piñero y las perspectivas de un gobernador electo por sufragio
popular, el PPD fue entronizándose en el ejecutivo y conso-
lidando, por tanto, un programa de gobierno. Es significativo que fuera en 1947 cuando una Legislatura ampliamente
dominada por el PPD y presidida por el caudillo populista
formula y aprueba la *Ley de incentivos industriales*, que inició
el programa de "industrialización por invitación", que ha
venido a conocerse en la literatura económica del Caribe
como "el modelo puertorriqueño de desarrollo".

Fue precisamente en 1947 cuando la Facultad de Ciencias
Sociales tomó un giro a través del cual adquiere una fisono-
mía más en sintonía con el programa gubernamental pepedeísta de transformación social y al papel fundamental de las
ciencias sociales en ese proceso. Como señalamos antes, la
Escuela de Administración Pública y el Centro de Investigaciones Sociales se incorporan plenamente a la Facultad. Los
estudios de Administración Pública se convierten en un pro-

---

[68] Ver su artículo "La desintegración social de Puerto Rico" en el
periódico universitario estudiantil *Vórtice* (1930).

grama de maestría, y se solicita también que igualmente ocu-
rra con el programa de Trabajo Social (lo que finalmente se
logra en 1954). A nivel de B.A. se enfatizan las especializacio-
nes, creándose lo que en el argot académico norteamericano
se conoce como los *majors* en las diversas disciplinas: Economía, Psicología, Geografía, Ciencias Políticas y Sociología. Se
nombra un nuevo decano de formación más "moderna"
para encaminar este proceso. El ideólogo humanista, Colorado, es sustituido por un joven académico graduado de una
de las más prestigiosas universidades norteamericanas (Harvard) en la disciplina social novotratista por excelencia: la
Administración Pública. El Dr. Pedro Muñoz Amato había
sido educado en una tradición académica, impulsada en los
treinta por el Nuevo Trato, que enfatizaba la preparación
técnica de la *ciencia* de la Administración: lo que en dicha
tradición se conocería como el POSCORB (*Planning, Organi-
zation, Staffing, Coordination, Reporting and Budgeting*).[69]

El 1947 marca también un considerable aumento en los
estudiantes universitarios interesados en los programas de
ciencias sociales. Un examen de las estadísticas de graduados de B.A. por año evidencia un gran incremento en el año
de 1950, que representa, principalmente, estudiantes que se
iniciaron en la Facultad en 1947 (el B.A. en Puerto Rico es un
programa de cuatro años, el primero de los cuales se cursa
en la Facultad de Estudios Generales y se dedica a una formación intelectual básica general). Dado que una vez con-

---

[69] Beauregard González, *La Administración Pública norteamericana,
origen, crítica y crisis* (S.J.: Express Offset, 1984). Muñoz Amato escribe el
primer libro de texto en español dentro de esa tradición académica: *Introducción a la Administración Pública, Teoría general, planificación, presupuesto*, (México: FCE, 1954, 2 vols) y en los años cincuenta y sesenta al-
canza una gran importancia e impacto en muchos países de América
Latina, que atravesaban entonces intensas aspiraciones "moderniza-
doras". Por ejemplo, en Brasil se publica traducido al portugués en 1958.

cluida la Guerra Mundial aumenta la matrícula universitaria total, examinamos la proporción de graduados en Ciencias Sociales del total de graduados, y el aumento en 1950 (iniciados en la Facultad en 1947) es notable también en términos proporcionales (ver Gráfica I). En 1949 comienzan además las graduaciones de maestría, del programa iniciado también en 1947.

La Facultad de Ciencias Sociales de la UPR desempeñará un papel muy importante en el proyecto modernizador populista. Durante sus primeras dos décadas (1943-63), particularmente a partir de 1947, su programa docente se dirigía, sobre todo, a la formación de empleados públicos: de "servidores" con una preparación técnico-científica en el conocimiento de los procesos sociales que pudieran imple-

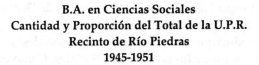

B.A. en Ciencias Sociales
Cantidad y Proporción del Total de la U.P.R.
Recinto de Río Piedras
1945-1951

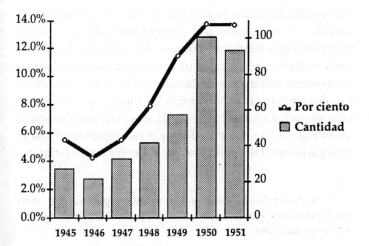

140

mentar o dirigir, de acuerdo con los intereses "objetivos" dictados por la ciencia, la transformación social que el populismo impulsaba. Los programas ejes de la Facultad en ese período eran las maestrías de sus escuelas profesionales: Administración Pública y Trabajo Social. De hecho, los decanos de la Facultad provinieron, en esos años, de estos programas: Muñoz Amato (1947-57) y Adolfo Fortier (1957-59) de Administración Pública y Adriana R. de Guzmán (1959-1966) de Trabajo Social. Los estudios a nivel de B.A. daban la impresión de ser, principalmente, antesala a las escuelas profesionales: Psicología y Sociología a Trabajo Social, y Economía y Ciencias Políticas a Administración Pública y Derecho (que era una unidad académica independiente).[70]

El Departamento de Economía, que se creó originalmente con la Facultad, pasó en este período a formar parte de la Escuela de Administración Pública y no se reestablece como unidad propia hasta la creación del sistema de Departamentos por disciplinas en el año académico de 1962-63.

La producción de nuevo conocimiento se destinó, sobre todo, al Centro de Investigaciones Sociales. Como parte de la visión *occidentalista* del rector Benítez y de la ideología cientificista de la clase pepedeísta dirigente de profesionales-de-Estado-en-formación, el conocimiento de la sociedad puertorriqueña debía canalizarse en la forma más desapasionada u objetiva. Convenía que estos estudios los dirigieran académicos extranjeros destacados. El auge de las ciencias sociales norteamericanas en todas las Américas durante esos años se conjugó con el interés de la academia norteamericana en Puerto Rico fomentado por el novotratismo y con la relación colonial del país para que el Centro de Investigacio-

---

[70] En Puerto Rico los estudios de abogacía son post B.A. y durante este período los solicitantes a dicha Escuela provenían primordialmente de estas disciplinas.

nes Sociales (CIS) fuera literalmente entregado a norteamericanos. Sus directores en todo este período fueron, de hecho, norteamericanos: Clarence Senior (1945-48), Tugwell
(por un período breve luego de dejar la gobernación en 1946),
Simon Rottenberg (1948) y Millard Hansen (1949-1964). Las
áreas de investigación más importantes fueron encomendadas a miembros destacados del *establishment* académico norteamericano: los estudios de industrialización a John Ken-
neth Galbraith de Harvard, los de recursos humanos (*manpower
resources*) a Lloyd J. Reynolds de Yale, las relaciones económicas de Puerto Rico y los Estados Unidos a Walter Isard de
MIT, los factores socio-psicológicos de la vivienda a Kurt
Back de Duke (con PhD de MIT también), los estudios de
estratificación y movilidad social a Melvin M. Tumin de
Princeton, los estudios de familia y fecundidad a Reuben Hill
y J. Mayone Stycos de la Universidad de North Carolina, y
el área de *cultural change* inicialmente a Julian Steward de
Columbia (más tarde se trasladó a la Universidad de Illinois)
y luego a Daniel Boorstin de Chicago.[71] Como puede obser-
varse, estaban representadas muchas de las más prestigiosas
universidades norteamericanas. De las áreas temáticas en
que estaba dividido administrativamente el CIS, sólo una
estaba dirigida por puertorriqueños: el área encargada de
preparar y actualizar una bibliografía para las ciencias sociales en el país, cuya importancia secundaria en el CIS se evidencia por el hecho de que se encomendaba a asistentes o
auxiliares de investigación cuya tarea principal radicaba en
otros proyectos. Los directores norteamericanos argumenta-
ban que muchos de los puertorriqueños preparados para
dirigir proyectos habían asumido entonces posiciones ejecu-

---

[71] *The Social Science Research Center, The First Ten Years 1945-1955 and
Current Operations* (S.J.: UPR, 1955), pp. 36-41. Fijarse que incluso se
publicaba en inglés, así como todos los *Informe Anual* hasta el 1963.

142

tivas, en el gobierno o la Universidad, y no estaban, por tanto, disponibles para involucrarse en la investigación.[72] Sin embargo, no se incorporaron personas como José Colombán Rosario, quien se destacaba ya como investigador social en la Facultad de Pedagogía, y es significativo que no se le tomara en consideración para la nueva Facultad ni para el CIS. Algunos jóvenes científicos sociales puertorriqueños trabajaron entonces en el CIS como asistentes, pero alcanzaron reconocimiento de madurez profesional en la docencia.

El Centro de Investigaciones Sociales fue organizado para proporcionar al gobierno los estudios *científicos* necesarios para el programa pepedeísta de modernización del país. El hecho de que se ubicara en la Universidad y se encomendaran sus investigaciones a destacados miembros del mundo académico, aunque extranjeros, fortaleció, sin embargo, el ámbito universitario de las ciencias sociales; su relativa autonomía de la esfera estatal, que anteriormente había llevado a cabo directamente muchos de este tipo de estudios (ver sección anterior). Además de los académicos mencionados que dirigían programas en el Centro, participaron en estudios del CIS científicos sociales de gran calibre, como Wassily Leontief, John Murra, Robert Redfield, Kingsley Davis y el futuro presidente de Trinidad, Eric Williams. Participaron también jóvenes norteamericanos progresistas (muchos preparando sus tesis doctorales) cuya orientación comenzaría a distanciarse del *establishment* académico y que alcanzarían, posteriormente, gran notoriedad en vertientes alternativas de las ciencias sociales, y cuya experiencia puertorriqueña marcaría para siempre sus trabajos: C. Wright Mills,[73] Eric R. Wolf y Sidney W. Mintz.[74]

---

[72] *Ibid.*, p. 8.

[73] Ver C. Wright Mills et al., *The Puerto Rican Journey, New York Newest Migrants* (N.Y.: Harper, 1950).

[74] Ambos participaron en el estudio de *cultural change* de Steward, *The People...*, *op.cit.*, para el cual resumieron, cada uno en un capítulo, sus

Cuadro I
Fondos del Centro de Investigaciones Sociales
Universidad de Puerto Rico – 1945-55*

Area investigada	Recursos UPR	Otros recursos	Total	Otros recursos del total
Población	$147,000	$ 52,000	$199,000	26.1%
Desarrollo económico	$270,000	$ 47,000	$317,000	14.8%
Estructura social y patrones culturales	$106,000	$ 41,000	$147,000	27.9%
Otras investigaciones	$ 65,000	$ 6,000	$ 71,000	8.5%
Oficina Central	$302,000**	——	$203,000	——
Totales	$791,000	$146,000	$937,000	15.6%

* *Fuente: The Social Science..., op. cit.,* p. 11.
** No incluye gastos de infraestructura, como espacio de oficina, electricidad, gastos de correo y teléfono.

tesis de doctorado. Mintz publicó también el importante libro para la técnica de historias de vida, *Taso, trabajador de la caña* (Río Piedras: Huracán, 1988) y ambos publicaron en el período importantes artículos en torno al estudio de las estructuras agrarias (haciendas y plantaciones) para el análisis del campesinado moderno en el Tercer Mundo: e.g. de Wolf, "Types of Latin American Peasantry: A Preliminary Discussion", *American Anthropology* (LVII: 3, junio de 1955); de ambos, "Haciendas and Plantations in Middle America and the Antilles", *Social and Economic Studies* (VI: 3, sept. 1957) y "An Analysis of Ritual Coparenthood (compadrazgo)", *Southwestern Journal of Anthropology* (VI: 4, invierno, 1950); y de Mintz, "The Folk-Urban Continuum and the Rural Proletarian Community", *The American Journal of Sociology* (LIX: 2, sept. 1953), "Labor and Sugar in Puerto Rico and Jamaica", *Comparative Studies in Society and History* (I: 3, marzo de 1959) y "The Question of Caribbean Peasantries: A Comment", *Caribbean Studies* (I: 3, oct., 1961), entre otros.

A pesar de que los directores de proyectos e investigadores principales eran norteamericanos, las investigaciones fueron financiadas principalmente con fondos de la UPR. Los fondos externos se usaron, en su mayoría, para la publicación de los estudios. En el balance total de su primera década, los fondos externos fueron claramente suplementarios en el CIS. Representaron 16% de su presupuesto total. (Ver Cuadro I.)

En el período de conformación del programa de gobierno del movimiento populista se impulsó decididamente un tipo particular de análisis social. Un análisis orientado por la transformación social modernizadora que dirigía el Estado; pero un análisis que sería realizado desde la academia. Este interés del populismo se conjugó con el entusiasmo de importantes sectores progresistas de las ciencias sociales norteamericanas con la posibilidad de contar con un taller de experimentación sobre "cambio social acelerado" y el Centro de Investigaciones Sociales de la UPR adquirió enorme importancia en el desarrollo de las ciencias sociales a nivel internacional. Esta importancia repercutió a su vez en el país y la academia se convirtió en *la* posición legitimada desde la cual realizar análisis social, quebrando la heterogeneidad que describimos para las primeras décadas de siglo.

Alargaría mucho este ensayo examinar las investigaciones que se realizaron entonces, lo que habrá que dejar para otro momento. Sí es importante recalcar su orientación hacia la dinámica del cambio y, con una mirada exterior, estereotipificar los patrones culturales previos en la amplia gama de "lo tradicional". No incorporar la Historia como disciplina académica en ese esfuerzo de institucionalización universitaria del análisis social limitó su visión y, por otro lado, pudo haber contribuido al distanciamiento de la Historia de las problemáticas contemporáneas y a su énfasis en la búsqueda de las continuidades.

El análisis social en Puerto Rico ha experimentado, sustantiva e institucionalmente, importantes transformaciones en las últimas décadas. Considero que es imposible examinar éstas sin considerar el papel que se le asignó y desempeñó en el proceso modernizador populista, proceso que marcó en forma decisiva lo que somos hoy como país.

Mayra Rosario Urrutia

Detrás de "La vitrina": Expectativas del Partido Popular Democrático y política exterior norteamericana, 1942-1954

Introducción

Durante la década de 1950 Puerto Rico participó activamente en el programa de asistencia técnica a los países en vías de desarrollo que formó parte de la política exterior norteamericana bajo la presidencia de Harry S. Truman.[1]

---

[1] El Instituto Internacional de Ciencias Administrativas describe acríticamente la asistencia técnica como una parte esencial del desarrollo nacional. La define como "la transmisión de aprendizaje, conocimiento y técnicas o recursos materiales y humanos con el propósito de ayudar a los recipientes a resolver problemas específicos". Dicha actividad se operacionaliza a través de "visita de expertos y técnicos, recibir becarios, organizar cursos y seminarios, intercambiar o diseminar información o documentos y suplir material y equipos y ocasionalmente ayudas financieras". Véase Rutherford M. Poats, *Technology For Developing Nations* (Washington: Brooking Institute, 1972), 44.

Sin embargo, este mecanismo ha sido utilizado comúnmente por los países "desarrollados" como una forma de dominación y penetración política y económica en los países "en vías de desarrollo". Las necesidades del país receptor se subordinan con frecuencia a los intereses del centro transmisor, fomentándose las relaciones asimétricas de poder. Véase, "This is an Indictment of the Way in Which Science and Technology Have Become Instruments of a Global Structure of Inequity, Exploitation and Oppression", *International Developement Review*, #2 (1979), 13-15.

La asistencia técnica se complementa frecuentemente con la transferencia de personal y tecnología militar para la seguridad nacional o con

Este programa se encauzó en el contexto de la guerra fría y de la expansión del sistema capitalista en la posguerra. El Presidente anunció el ofrecimiento en el cuarto punto de su discurso inaugural de 1949 cuando hizo un llamado a los países democráticos para que pusieran sus recursos y conocimientos técnicos a la disposición de las entonces llamadas áreas "atrasadas" del mundo.[2] Lo que Truman denominó "un nuevo y audaz programa", que generó agrias controversias en el Congreso para su aprobación, se conoció mundialmente con el nombre del Punto Cuarto, (Punto IV). La ayuda técnica que proponía el Presidente estaba respaldada por la teoría de desarrollo económico que cobró auge después de la II Guerra Mundial.

> ...el paradigma que se formuló entonces sostenía que las transferencias de recursos financieros, humanos y tecnológicos de los países desarrollados hacia los países en vías de desarrollo promovería en estos últimos el crecimiento económico y la consecuente modernización de las sociedades receptoras, la ampliación de los servicios sociales y la elevación de los niveles de bienestar social.[3]

La participación de Puerto Rico en el Punto IV encierra un gran significado en la historia de nuestro pueblo. La misma fue fundamental para la internacionalización del modelo de desarrollo dependiente "Operación Manos a la Obra" y la defensa de la fórmula autonómica estadolibrista. El lide-

---

transferencias masivas de fondos presupuestarios. Un ejemplo de esta combinación lo encontramos en las ayudas de Estados Unidos a Grecia y Turquía a las que hace referencia la "Doctrina Truman" de 1947.

[2] Véase la reproducción del discurso inaugural en Héctor Alvarez Silva, *Documentos básicos de la historia de Estados Unidos de América* (Río Piedras: H. Alvarez y Cía, Inc., 1967), 427-434.

[3] Gerardo Navas, ed., *Cambio y desarrollo en Puerto Rico: la transformación ideológica del PPD* (Río Piedras: Editorial Universitaria, 1980), xi.

rato de la tecnoburocracia[4] del Partido Popular Democrático (PPD) fue creando, a través de la estructura gubernamental, una publicidad favorable en Estados Unidos y otros países del mundo para impulsar su modelo de desarrollo en
estrecha concordancia con las agencias e intereses metropolitanos. Con el despliegue que recibiría la isla a través del
Punto IV la imagen de "Tierra Azotada" sería sustituida por
la de "Vitrina de la Democracia". De esta forma, Puerto Rico
canalizaría las políticas estadounidenses, especialmente respecto a América Latina y el Caribe.

En este ensayo me propongo analizar preliminarmente el
vínculo entre la participación inicial de la élite profesional del
PPD en programas de ayuda técnica impulsados por la política exterior norteamericana y su estrecha relación con el
proceso de materialización para la década de los cincuenta
de la mundialmente conocida "vitrina de la democracia".

Las siguientes preguntas guían esta investigación. En
primer lugar: ¿qué antecedentes facilitaron la participación
de Puerto Rico en la empresa que la convertiría en la "vitrina de la democracia" y qué razones alentaron a un país, su-
mido por siglos en la dependencia colonial y en el que recién
despegaba un plan de desarrollo económico, a elaborar un
programa único de asistencia técnica durante la década del
cincuenta? Finalmente, ¿de qué forma la consolidación del
proyecto autonomista y desarrollista de la élite del PPD se
conjuga con la política exterior norteamericana de la posguerra?

---

[4] Según Emilio Pantojas, la tecnoburocracia la componían cuadros
profesionales, intelectuales y técnicos ligados a la burocracia colonial,
pero cuyos intereses no se vinculaban de modo directo a la fracción
cañera dominante. Véase, *op. cit.*, "Desarrollismo y lucha de clases: los
límites del proyecto populista en P.R. durante la década del '40", *Revista de Ciencias Sociales*, Vol. XIX (Río Piedras, 1985), 3-4, 382.

La hipótesis que orienta este trabajo es que la participación de la élite profesional e intelectual del Partido Popular Democrático, (conjuntamente con sectores representativos del poder colonial), en programas impulsados por la política exterior norteamericana dirigidos a promover el desarrollo socio-económico, constituyó un mecanismo de presión y acomodo para adelantar su proyecto de clase de la década de los cuarenta. Ese proyecto culminaría con los dos elementos claves de la "vitrina de la democracia": Operación Manos a la Obra y el Estado Libre Asociado.

La Comisión Anglo-Americana del Caribe (CAAC): Inicios de la materialización de la "vitrina"

Durante el transcurso del siglo XIX, Estados Unidos se distinguió por ser un asiduo importador de técnicas y de adelantos científicos de los países europeos. No fue sino hasta el segundo cuarto del siglo que a la vez de recibir grandes cantidades de asistencia técnica, comienza a exportarla por conducto de la empresa privada y de los misioneros.[5] Para finales del siglo era reconocido mundialmente como generador y transmisor de asistencia técnica.[6] Durante el período de ocupación militar a partir de la Guerra Hispanoamericana, Estados Unidos introdujo técnicas y conocimientos con fines de asegurar su dominio político y económico. Esta situación prevaleció en Cuba, Santo Domingo, Haití, Filipinas, la Zona del Canal y Puerto Rico.[7] La asociación de la asistencia técnica con el imperialismo no tardaría en formularse.

---

[5] *Technical Assistance*, U.S. Senate Report 139, 85th Congress, 1st. Session, Vol. 7, 49.

[6] Merle Eugene Curti and Kendall Birr, *Prelude to Point Four; American Technical Missions Overseas 1838-1938* (Madison: University of Wisconsin Press, 1954), 5.

[7] Benjamin Higgins, *The United Nations and the United States Foreign Economic Policy* (Homewood, Illinois: R.D. Irwin, 1962), 58.

...los caribeños afectados vieron la ayuda con escepticismo. En sus mentes la asistencia técnica era simple imperialismo...[8]

La política del "Buen Vecino"[9] del Presidente Roosevelt sugería en el 1933 un compromiso de solidaridad hemisférica que buscaba respaldo político en los países latinoamericanos y caribeños a cambio de ayuda económica, militar y asistencia técnica. Esta política aceleraría la implantación de programas gubernamentales de ayuda técnica en América Latina y el Caribe.[10]

La participación concertada del gobierno de Puerto Rico en programas de asistencia técnica bajo la dominación norteamericana comenzó con la creación de la CAAC en el 1942. Su propósito consistía en "estimular y fortalecer la cooperación socioeconómica entre Estados Unidos de América y sus posesiones y bases en la zona conocida geográfica y políticamente como el Caribe, y Gran Bretaña y las colonias inglesas

---

[8] Curti, *op. cit.*, 205. Traducción nuestra.

[9] Alvarez, *op. cit.*, 361-365. Rodríguez Beruff señala que la "Gran Depresión" causó una redefinición de la política militar norteamericana, causando un "abandono de la política de intervención directa". Le atribuye este viraje estratégico a dos razones. Primero, a los recortes en los gastos militares y segundo, al "incremento en la agitación antiimperialista en todos los países de la región", lo que culminó en la política del "Buen Vecino". Véase Jorge Rodríguez Beruff, *Política militar y dominación* (Río Piedras: Ediciones Huracán, 1988), 31.

[10] Ejemplos de estos programas fueron el Instituto de Asuntos Interamericanos (1942) y la Fundación Educativa de Asuntos Interamericanos (1947). El primero urgía las buenas relaciones entre y Estados Unidos y América Latina durante la II Guerra Mundial y promovía el desarrollo económico a través de acuerdos bilaterales y cooperación mutua en las áreas de salud, educación y agricultura. Véase Higgins (*op. cit.*), 69. El segundo también tenía como propósito "adelantar el bienestar general" entre las repúblicas americanas. Véase la *Ley Pública 369*, 5 de agosto de 1947, Congreso #80.

en la misma zona...".[11] Sus miembros se ocuparían "de todo lo que tenga que ver con el trabajo, la agricultura, vivienda, salud, educación, bienestar social, finanzas, economía y otras materias relacionadas a éstas en aquellos territorios que pertenecen a Inglaterra o Estados Unidos y servirán de consultores de sus respectivos gobiernos...".[12]

Resulta revelador el interés del PPD en la Comisión a medida que Estados Unidos y Gran Bretaña formulaban esta estrategia socioeconómica con fines de seguridad militar.[13] Para esa misma fecha daba comienzo la reestructuración de la burocracia gubernamental, con el apoyo del Gobernador Rexford Tugwell, que serviría de base de apoyo para impulsar el proyecto reformista del PPD.[14] Este proyecto comprendía elementos del primer plan de desarrollo económico y social que se formula en Puerto Rico para la década de los

---

[11] "Joint Communiqué of the United States and British Governments on Cooperation with Regard to the Caribbean", 9th. March, 1942, en Roy Preiswerk, ed., *Documents on International Relations in the Caribbean* (Río Piedras: Institute of Caribbean Studies, 1970), 36. Traducción nuestra.

[12] Clovis Beauregard, "Pan-American Cooperation", en Preiswerk, *op. cit.*, 228. Traducción nuestra.

[13] Para un trabajo más detallado sobre la Comisión Anglo-Americana véase Mayra Rosario Urrutia, "La Comisión Anglo-Americana del Caribe: una estrategia socio-económica con fines de seguridad militar", en Avance de Investigación #11, Centro de Investigaciones Académicas, Universidad del Sagrado Corazón, 1991.

[14] *Ibid.*, 66. James L. Dietz señala que la reorganización del PPD tuvo lugar en dos etapas definidas, aunque traslapadas. La primera se llevó a cabo del '41 al '49 e incluyó la reforma agraria, el control y desarrollo de la infraestructura y las instituciones, la reorganización administrativa y la industrialización limitada operada por el gobierno. Del '45 al '53 disminuye la atención a la reforma agraria y las fábricas gubernamentales se venden a firmas privadas. Se inicia el aumento de la producción industrial basada en la inversión de capital extranjero. Dietz, *Historia económica de Puerto Rico* (Río Piedras: Ediciones Huracán, 1989), 203-204.

treinta, conocido como el Plan Chardón, y objetado tenaz-
mente por sectores de la Coalición Republicano-Socialista.[15]
El proyecto de principios de los cuarenta combatiría la concentración latifundista y el monocultivo azucarero y promo-
vería la diversificación agrícola y las industrias manufactu-
reras locales. A través de la Comisión, el PPD le aseguraría
a Puerto Rico una posición sobresaliente en el contexto caribeño. Especialmente, canalizaría la concesión de reformas
autonómicas, el apoyo a la reforma agraria y al proyecto de
industrialización que culminaría en 1947 con el inicio del
modelo de desarrollo dependiente. Los planes para reestructurar la economía agraria en Puerto Rico no pueden deslin-
darse de los propósitos de este plan regional caribeño, tan
soslayado en la historiografía puertorriqueña del siglo XX.

Aunque la crisis socioeconómica caribeña, agudizada por
el monocultivo, venía gestándose desde antes de la década
de los treinta, es en este período cuando se acrecienta debido a la severa depresión económica y la crisis del capitalismo mundial. La entrada a la Segunda Guerra Mundial urgió
a Estados Unidos y a Gran Bretaña a tomar una serie de
medidas al ver su seguridad nacional amenazada por disturbios y protestas que se extendieron por sus territorios dependientes.[16]

A pesar de que los planes de cooperación regional en el
Caribe se venían formulando desde antes de la Guerra, fue
la coyuntura de la crisis aliada del '42 la que precipitó la
formación de la Comisión.[17]

---

[15] Para una explicación del Plan Chardón, véase Leonardo Santana
Rabell, *Planificación y política durante la administración de Luis Muñoz
Marín: un análisis crítico* (Río Piedras: Análisis, Revista de Planificación,
1984), 43-54.

[16] Véase Rosario, *op. cit.*, 7.

[17] Para una descripción de la crisis aliada, véase "The Anglo-
American Caribbean Commission", *Report of the AACC to the*

El problema de la escasez de alimentos llegaría a su punto crítico debido al hundimiento de los barcos cargados de provisiones por los submarinos alemanes que acechaban la región. Para poder llevar a cabo los planes de defensa era necesario apaciguarla y abastecerla de provisiones y, entre otras cosas, facilitar la incorporación del personal de las bases militares estadounidenses adquiridas en 1940 a las comunidades coloniales británicas. La CAAC tendría ante sí esta tarea.[18]

Las acusaciones de imperialismo a las metrópolis, la incorporación del Caribe en los planes de defensa hemisférica, la política rooseveltiana del "Buen Vecino", al igual que los ajustes económicos que causó la "Gran Depresión", estimulaban la búsqueda de nuevos caminos por parte de Estados Unidos y Gran Bretaña para afrontar los problemas de las islas.

Con la creación de la CAAC, se fueron cooptando grupos que se acomodaban a la estrategia. Los representantes de las colonias podían hacer oir su voz a través de los mecanismos participantes. Su carácter de cuerpo "consultivo" permitía a las metrópolis retener su poder y tomar sólo las decisiones que no entraran en contradicción con sus intereses.

En esta etapa, el Estado metropolitano, por un lado, mantuvo y expandió las instalaciones militares y por otro disimulaba el control colonial por medio de concesiones so-

---

Governments of the United States and Great Britain (Washington, D.C., 1944). Luego de la intervención alemana en Francia y Holanda en septiembre de 1940, Estados Unidos y Gran Bretaña temen por una invasión en la región caribeña en donde contaban con posesiones coloniales. Estados Unidos también anticipaba una posible invasión a Gran Bretaña, posibilidad que aumentaba la inestabilidad en el Caribe.

[18] Véase, *The Caribbean Islands and the War: A Record of Progress in Facing Stern Realities* (Washington D.C.: U.S. Printing Office, 1943), 4. Traducción nuestra.

cioeconómicas. Aunque la intervención militar directa constituía una opción para sofocar las sublevaciones, la política no-intervencionista apuntó otro camino a seguir. Dentro del plan de concesiones políticas en los territorios estadounidenses las posiciones estratégico-militares no estaban sujetas a negociación.

> Esta política de concesiones parciales y de repliegue militar, sin embargo, intentaba asegurar el control sobre los enclaves militares tradicionales en el Canal de Panamá, Guantánamo y Puerto Rico, considerados no negociables y vitales para los intereses estratégicos de los Estados Unidos.[19]

A la luz de las presiones internacionales, Charles Taussig, el principal arquitecto del la Comisión, le advertía al Presidente sobre el impacto que tendría el uso de recursos militares tanto en las colonias británicas como en las americanas. Ya que el sub-desarrollo económico se consideraba la base de todo el malestar, si no se combatía dramáticamente, la posibilidad de confrontación estaría siempre presente en las colonias.[20]

El Estado creaba nuevas formas de subordinación y de aceptación mediante la rearticulación de los intereses político-económicos y militares.

En el proceso de acomodo que se dió para rearticular los intereses metrópoli-colonia, Puerto Rico desempeñaría un papel fundamental en la oposición que se desata a nivel regional al enterarse de los primeros pasos para la formación de la Comisión. A la misma se le conocería, también, como el *Plan Caribe*.

---

[19] Rodríguez Beruff, *op. cit.*

[20] Howard Johnson, "The United States and the Establishment of the Anglo-American Caribbean Commission", *The Journal of Caribbean History*. Vol. 19:1 (May, 1984), 28.

La acogida de diferentes sectores de la sociedad puertorriqueña pertenecientes a los Partidos Coalición Republicano-Socialista, Nacionalista, Popular y a la Federación Libre de Trabajadores, al plan que se gestaba entre Estados Unidos y Gran Bretaña para crear la CAAC no fue la más cálida.[21] La crítica adelantaba las posibles consecuencias que sufriría la isla en caso de incluirse en un esfuerzo de coordinación regional.

Pero las presiones puertorriqueñas modificaron la estrategia original y la devolvieron "revestida" en sus propósitos, figurando la misma como un cuerpo de carácter consultivo.

Una reseña publicada en *Newsweek* en 1941 contribuyó a agitar el debate entre diferentes sectores puertorriqueños hacia el Plan Caribe. La publicación anticipaba la creación de la Comisión Anglo-Americana y señalaba la posible reorientación del monocultivo cañero a una economía basada en la diversificación agrícola. La administración federal tenía planes, supuestamente, de implantar su propuesta de inmediato en Puerto Rico.[22]

A pesar de que el entonces presidente del Senado, Luis Muñoz Marín, alegaba desconocer el Plan, se mencionaba que los primeros indicios concretos sobre el programa trascendieron al público luego de unas conferencias de Muñoz con funcionarios del Departamento de Agricultura Federal. En esas conferencias se sugería producción de cáñamo en Puerto Rico utilizando el yute que se cosechaba en otras islas caribeñas. Aparentemente, estos comentarios alimentaron

---

[21] Para un cuadro amplio sobre la controversia en torno al plan caribeño, véase el mes de octubre de 1941 de *El Mundo*. Además de las noticias sobre el proyecto que salen casi diariamente, podemos notar la fuerza de los editoriales en su contra.

[22] "Headache in Sugar", *Newsweek*, July 28, 1941.

la sospecha de una estrategia de cooperación regional.[23] Aunque no he podido corroborar con certeza las conversaciones de Muñoz con Agricultura Federal, en 1941 una de las medidas que establece la Autoridad de Tierras es la de fincas individuales que estimularían la diversificación agrícola.

> En términos formales la reforma agraria se proponía la diversificación de la agricultura, la ruptura del enclave mono-productor y el dominio explotador de los trabajadores de la tierra...[24]

En octubre de ese mismo año, *El Mundo*, que llevó una infatigable lucha contra la administración Tugwell-Muñoz, lo acusaba de ser partidario de la estrategia anglo-americana para coordinar económicamente el Caribe. La crítica proveniente de la Coalición republicano-socialista rechazaba de plano incluir a Puerto Rico en el Plan que, supuestamente, proponía resolver problemas conjuntamente con "Jamaica, Trinidad y otras colonias misérrimas" de Inglaterra. Denunciaba que la estrategia podía "amarrar a Puerto Rico en una federación de colonias que nos desvincularía de los mercados de Estados Unidos, que nos eliminaría como competidores y, consiguientemente, destruiría nuestro patrón de vida".[25]

La Coalición Republicano-Socialista, defensora de los intereses de las corporaciones cañeras, sería la "fuente de la mayor resistencia" a la reforma socioeconómica que emprendía el PPD.[26] El que Muñoz apoyara el Plan era considerado

---

[23] "Una Maniobra Desgraciada", *El Mundo*, 4 de octubre de 1941, 4.

[24] Pantojas, *op. cit.*, 371.

[25] "El Plan del Caribe era una mentira", Editorial, *El Mundo*, 11 de marzo de 1942, 8.

[26] Charles Goodsell, *Administración de una Revolución* (Río Piedras: Editorial Universitaria, 1978), 26.

una traición ya que su ejecutor, Charles Taussig, era presidente de industrias que competían con los intereses cañeros locales.[27]

El comisionado residente, Bolívar Pagán, miembro de la Coalición Republicano-Socialista, se dirigió al secretario de Estado, Cordell Hull, dando su voz de alerta:

> Grave desasosiego y angustia se sienten en P.R. a causa del supuesto plan porque las noticias señalan que se proyecta privarnos de nuestras condiciones políticas y económicas sin tener en cuenta la opinión pública insular...[28]

Pagán reflejaba temor por las consecuencias económicas y políticas que Puerto Rico podía sufrir con el acuerdo, ya que lo consideraban como "nación o país extranjero". Además, añadía como razón "la proyectada compañía de Puerto Rico con colonias del Caribe de inferior civilización, de normas de vida más bajas, de distinta tradición y experiencia cívica y de aspiraciones políticas y sociales distintas comparadas con Puerto Rico".[29] Visualizaba el porvenir como uno "negro, miserable y desesperado", ya que no tenía dudas en ese momento de que el Plan beneficiaría a grandes corporaciones y poderosos intereses extraños a Puerto Rico. Las islas del Caribe, según Pagán, no podían erigir una economía a base del intercambio de productos diversos, especialmente, Puerto Rico.[30]

La Coalición no estaba ajena a los propósitos militares que encerraba la Comisión Anglo-Americana.

---

[27] "Con P.R. o con el Plan Taussig", *op. cit.*, 2 de octubre de 1941, 8.

[28] "Departamento de Estado se sorprende ante protestas", *ibid.*, 14 de octubre de 1941, 1.

[29] "Del Plan del Caribe hablan en Washington hace meses", *ibid.*, 7 de octubre de 1941, 1.

[30] *Ibid.*, 16.

...se está negociando para incluir a P.R. en los efectos de un plan que fundamentalmente no tiene otro propósito que aliviar la situación económica del rezago colonial inglés con miras a *fortalecer el respaldo público de esas islas para las bases militares recién establecidas allí por los E.U.*[31]

La protesta del Partido Popular Democrático fue más moderada. El 28 de octubre de 1941 los legisladores del PPD, mediante la Resolución Núm. 1 del Senado, establecieron su criterio, fijando las bases de estrecha cooperación que debían prevalecer entre Puerto Rico y la administración de Roosevelt respecto a la proyectada coordinación económica de los pueblos del Caribe. Entre otras cosas, la Resolución estipulaba lo siguiente:

> ...es nuestro deber presentar la más firme oposición a cualquier plan, medida o propósito que pueda reducir el nivel de vida de nuestro pueblo, es igualmente nuestro más claro deber cooperar a la realización de cualquier plan, medida o propósito que a nuestro juicio sea para aumentar el nivel de vida de nuestro pueblo y acercarlo a su esperanza de justicia económica y de seguridad social.[32]

Se anticipaba que el Programa podía quedar obstruido por completo si la oposición progresaba demasiado. El entonces gobernador, Rexford G. Tugwell, quien estuvo activo en la formulación del Plan desde sus comienzos, alegaba que había formulado una petición al Presidente para que dejara en manos de la Legislatura insular la inclusión en el Plan.[33] La oposición puertorriqueña tuvo su fuerza en Washington.

---

[31] "¿Hasta cuándo Puerto Rico?", *ibid.*, 8. Subrayado nuestro.

[32] Véase texto completo de la Resolución en *ibid.*, 29 de octubre de 1941, 5.

[33] Rexford G. Tugwell, *The Stricken Land* (New York: Garden City Doubleday and Company Inc., 1947), 185.

La aprobación del Programa fue pospuesta por casi un año debido al "bloqueo" de sectores puertorriqueños que lo denunciaron como una tentativa para alterar el estatus político de la isla.[34]

Luego de los anuncios oficiales sobre la creación de la CAAC, el Senado de Puerto Rico resolvió expresar su satisfacción por la creación del organismo con fines de mejoramiento socioeconómico. Agradecía además, el reconocimiento que se le había hecho a Puerto Rico para intervenir en la orientación, aprobación y ejecución de planes que afectaran las relaciones económicas y el mejoramiento social del país.

La nueva Resolución ratificaba los principios del '41, y señalaba que el organismo no debía tener "poderes políticos en ningún caso" y que sus facultades debían ser exclusivamente de estudio, orientación y recomendaciones.[35] Los del PPD velaban porque los propósitos económicos del Plan no implicaran la reducción del nivel de vida sino "el uso y el intercambio de fuerza económica que hoy no esté siendo adecuadamente útil". También solicitaban: que no se redujera la producción azucarera, (si esto implicaba que la sustitución por otros productos aumentaría la pobreza y alejaría la seguridad social); el inicio de la producción diversificada; facilitar la implantación de la Ley de Tierras y estimular la industrialización para absorber el desempleo.[36]

Resultan reveladoras las declaraciones de los legisladores en relación con el resultado del revuelo causado para prote-

---

[34] "Nombran comisiones encauzan Plan del Caribe", *El Mundo*, 10 de marzo de 1942, 8. Una de las interrogantes que plantea la protesta insular es en qué medida las islas británicas se le unieron y colaboraron en aplazar la formación de la Comisión.

[35] Ver texto de la resolución de marzo de 1942 en, "Plan del Caribe y Comisión Speaker ante Senado", *El Mundo*, 10 de marzo de 1942, 1.

[36] *Ibid.*

ger los "mejores intereses" de Puerto Rico. Por ejemplo, el Partido Popular se comprometía a no entrar en contradicción con la defensa nacional de los Estados Unidos:

> ...que estos propósitos sean en su forma y detalle entera-
> mente consistentes con el mayor grado de efectividad de la
> *defensa nacional de E.U. en el campo civil*, en la cual es el sentir
> de este Senado que P.R. tiene un profundo interés suyo pro-
> pio además de su interés y su lealtad hacia la democracia de
> E.U.[37]

Taussig también declararía con relación al papel de Puerto Rico en el contexto caribeño. Aseguraba que la situación de las islas se enfocaría a base de los intereses de Puerto Rico, esenciales en cualquier programa de Estados Unidos con el Caribe. La conveniencia de fomentar un mayor comercio entre Estados Unidos y las islas fue el "fondo", pero no la primera función de la Comisión.

> La primera labor es llegar a la solución de los problemas de
> la economía civil de guerra en toda el área del Caribe.[38]

Tugwell también aprobaba el que Puerto Rico desempeñara un papel único en el plan caribeño. Dejó ver la posibilidad de que se convirtiera en un *centro de operación* de los estudios que la Comisión llevara a cabo. Aseguraba que la isla estaba en condiciones "inmejorables" para convertirse en el centro administrativo del proyecto.[39] Una de las razones de Tugwell se basaba en la ventajosa posición estratégica de la isla en relación con el Canal de Panamá. Otra era que el idioma español y la mezcla cultural hispánica y americana

---

[37] *Ibid.*; el énfasis es nuestro.

[38] "Taussig señala alimentos como objetivo inmediato del Plan Caribe, *ibid.*, 11 de marzo de 1942, 4.

[39] *Ibid.*, 8.

servirían como mediadores y portavoces del plan de solidaridad hemisférica.[40] Tenemos que recordar la estrecha relación de Tugwell con la Universidad de Puerto Rico, de la cual fue Rector, previo a asumir la gobernación. La Universidad de Puerto Rico, para la década de los cincuenta, desempeñaría un papel preponderante, adiestrando a estudiantes caribeños y latinoamericanos en varios campos. Los planes de los años cuarenta materializarían en la década de los cincuenta el papel de la isla como "puente entre las dos culturas" y la mencionada "vitrina de la democracia". Indudablemente, lo que Luis A. Passalacqua denominó la "primera etapa de relación" entre líderes gubernamentales puertorriqueños y gobiernos caribeños durante la dominación norteamericana, no fue un camino fácil caracterizado por la resignación.[41]

El acuerdo final para la creación de la Comisión se seguía resintiendo por la oposición coalicionista, ya que alegaban que los planes caribeños no tenían por qué involucrar a Puerto Rico en las implicaciones de un acuerdo colonial.

Para servir a las necesidades y conveniencias de la Defensa, en esa zona, en el continente y en el mundo entero, P.R. no necesitó nunca ni debió necesitar ahora las ataduras de un convenio colonial que nos apareja con Jamaica, Trinidad y la Guyana.[42]

La desconfianza rodeó el Plan Caribe y señaló a sus autores como conspiradores contra el pueblo.

---

[40] Tugwell, *op. cit.*, 111, 123, 130-31, 134.

[41] Luis A. Passalacqua, "Puerto Rico y el Caribe: cinco etapas en una relación", en Angel Calderón Cruz, ed., *Problemas del Caribe contemporáneo* (Río Piedras: Centro de Estudios del Caribe, Universidad de Puerto Rico, 1979), 61-81.

[42] Editorial, "El Plan del Caribe era una mentira", *El Mundo*, 11 de marzo de 1942, 8.

Los hombres que intentaron ocultarle esta situación a P.R., los hombres que se hicieron cómplices de ese atentado, los hombres que entregaron la suerte del país irresponsablemente, tendrán su día en la historia.[43]

Por otro lado, de la protesta inicial del PPD se trascendía al acomodo. Puerto Rico colaboraría activamente en el nuevo esquema colonial canalizando su programa de gobierno a través de la Comisión y Estados Unidos lograría tranquilizar la animosidad puertorriqueña. Además, a través de la Comisión se recomendaría la enmienda del gobernador electivo a la Ley Jones, ya que la misma "no suscitaría controversias en la isla" y "demostraría que Estados Unidos no tenía intenciones de ser un poder colonial".

...sólo desea establecer la libertad y el bienestar dentro de su esfera de influencia, pero sin el deseo de dominio.[44]

Finalmente, un nutrido número de puertorriqueños del PPD formaría parte de las comisiones de estudio y asistencia técnica en las que se dividió la Comisión.

En su sexta reunión, celebrada en marzo del '45, se invita a formar parte del Concilio de Investigación caribeña (un cuerpo auxiliar de la Comisión) a Carlos E. Chardón, Pablo Morales Otero, Teodoro Moscoso y Rafael Picó, todos ellos puertorriqueños profesionales y miembros del PPD.[45] Pablo Morales Otero, director de la Escuela de Medicina Tropical, dirigiría el primer año de trabajo del Concilio.[46] Pero donde es asombrosa la participación del PPD fue en los comités de

---

[43] *Ibid.*

[44] Tugwell, *op. cit.*, 328, y Charles Goodsell, *op. cit.*, 70.

[45] Carta de Taussig a Rafael Picó, 3 de abril de 1945, *AGPR*, Tarea 78-11, Caja 1.

[46] "Conclussions With Respect to the Caribbean Research Council", March 20-23, 1945, AGPR, *op.cit.*

investigación del Concilio. En las áreas de agricultura, nutrición, pesca y forestación, de catorce miembros, cinco representaban a Puerto Rico. En la de salud, de diez miembros, tres representaban a la isla. En el área de tecnología industrial, había dos puertorriqueños de un total de ocho. En el área de ciencias sociales, de veintitrés miembros, diez eran puertorriqueños. En ingeniería, de doce, cinco eran puertorriqueños.[47] El acomodo al proceso se hacía evidente por parte de la élite del PPD ubicada en los centros administrativos y profesionales y a la vez, como es posible notar, se iría forjando el papel que Tugwell le había asignado a Puerto Rico: un centro de adiestramiento al amparo de los intereses metropolitanos.

La Primera Conferencia de las Indias Occidentales, celebrada en marzo de 1944, fue la más trascendental en el período. Este instrumento ampliaba la participación en los problemas caribeños comunes a través de dos representantes coloniales locales. Los representantes puertorriqueños que suscriben el informe de la Conferencia son Rafael Picó y Antonio Fernós Isern. El cáracter de la Conferencia, al igual que el de la Comisión, sería uno consultivo y se ampliaba la base de participación democrática. La agenda para la primera Conferencia incluía discusiones de nutrición, obras públicas, vivienda, educación, agricultura, salud, industrias y la reintegración de personal de guerra a la vida civil.[48] Ya para el 30 de junio de 1945 los gobiernos de Estados Unidos y Gran Bretaña deciden aumentar de tres a cuatro los miembros representantes de cada país. El miembro adicional de los Estados Unidos sería el puertorriqueño Rafael Picó, presidente de la Junta de Planes, por donde se canalizaría inicialmente el Punto IV.

---

[47] *Ibid.*

[48] *Report of the West Indian Conference Held in Barbados* (Washington, D.C.: AACC, 1944), 1-5.

Hemos visto el comienzo de un proceso significativo de la política estratégico-militar estadounidense en el que las exigencias de las necesidades de guerra aceleraron los planes socioeconómicos para los territorios coloniales. La Comisión Anglo-Americana cambiaría su nombre a la Comisión del Caribe en 1945, una vez finalizada la guerra. Cuando Francia y Holanda se unen a la representación regional, la Comisión adquiere un carácter internacional. Su propósito también consistía en estimular y desarrollar la cooperación entre los territorios.

Desde el comienzo la Comisión percibió la necesidad de aumentar y diversificar sustancialmente las industrias y la agricultura de la zona. Ha fomentado continuamente la creación de nuevas industrias...[49]

Rafael Picó y el ex-gobernador Jesús T. Piñero serían dos representantes de Estados Unidos en la Comisión. Ambos realizarían gestiones para incluir al Caribe en los beneficios del Punto IV.

La incorporación de Puerto Rico al Punto IV: 1949-1954

Could there be a better way of demonstrating at first hand to most of the countries of this globe the emptiness of the cries of imperialism against the U.S. that our visitors had heard in their own countries before coming to ours?[50]

Cuando el Presidente Harry S. Truman, sucesor de Franklin Delano Roosevelt, extendió el ofrecimiento a los

---

[49] Charles A. Taussig, "A Four-Power Program in the Caribbean", *Foreign Affairs* (July, 1946), 708.

[50] "Remarks of Governor Luis Muñoz Marín of Puerto Rico on Signing of New Three Years Agreement Between ICA and Government of Puerto Rico for Foreign Observers to Study in Puerto Rico under ICA Program" (Wash., D.C., 1957).

166

países en vías de desarrollo, reclamó que Estados Unidos era "la primera entre las naciones en el desarrollo de técnicas industriales y científicas".[51] Detrás del Punto IV había una experiencia de más de un siglo impulsada por varios sectores estadounidenses que contribuiría a configurar esta fase de la nueva política exterior.[52] Los programas gubernamentales de ayuda militar, económica y técnica se concentraron, originalmente, en América Latina. Después de la Segunda Guerra sus alcances serían mundiales. El proceso se transformaría en uno sumamente complejo con la incursión de organizaciones internacionales como las Naciones Unidas y la Comisión del Caribe.

Los programas de ayuda técnica no eran exclusivos de Estados Unidos. La Unión Soviética y otros países aliados al bloque socialista también tenían programas de ayuda. La estrategia representaba una carrera internacional por establecer jurisdicciones y adelantar alianzas políticas. Por otro lado, los países en vías de desarrollo constituían una seria amenaza para la hegemonía democrática y capitalista que Estados Unidos intentaba retener después de la Segunda Guerra Mundial. La visión predominante era que estos países representaban un terreno fértil para el enraizamiento de regímenes totalitarios debido a sus precarias economías.[53] Dentro de esa mentalidad, la asistencia técnica se propulsó

---

[51] Alvarez, *op. cit.*, 432.

[52] Entre estos sectores, podemos mencionar el gubernamental, el privado, las asociaciones filantrópicas y educativas, las misiones cristianas e individuos que en su carácter particular ofrecieron sus conocimientos al exterior. Sus contribuciones ayudaron a formar la opinión pública y congresional en Estados Unidos. En Mayra Rosario Urrutia, "La incorporación de Puerto Rico al programa Punto IV del Presidente Truman, un análisis preliminar", 13-23, trabajo inédito.

[53] Harry S. Truman, *Memoirs*, Vol. II (Garden City, New York: Doubleday, 1950), 229.

como un remedio estabilizador a largo plazo.[54] También constituyó una forma sutil de subordinación política y económica al centro del poder transmisor.

En el mismo año de 1949 se celebraba, con resonancia hemisférica, la inauguración del primer gobernador elegido por el pueblo. La Ley del gobernador electivo puso fin a medio siglo de gobernadores nombrados por orden presidencial. Finalmente, había sido aprobada dos años antes bajo las presiones por la descolonización revividas en la postguerra.[55]

Truman, heredero de las presiones anti-colonialistas, invitó a los puertorriqueños a expresar su preferencia con relación a su estatus político en 1945.

> Es ahora tiempo, en mi opinión, de averiguar por parte del pueblo de Puerto Rico, sus deseos en cuanto al status final que prefieren... La actual forma de gobierno en la isla parece que no es satisfactoria a un gran número de sus habitantes.[56]

Cuando en 1948 los puertorriqueños estrenan su primer gobernador elegido, los Estados Unidos dan fe de sus buenas intenciones con la colonia. La celebración popular en la inauguración de Luis Muñoz Marín atrajo a congresistas y

---

[54] Higgins, *op. cit.*, 4.

[55] Ya en 1941 se había llevado a cabo la firma de la Carta del Atlántico entre el Presidente Roosevelt y el Primer Ministro Winston Churchill. El tercer pronunciamiento defendía el derecho de todos los pueblos a escoger su forma de gobierno. Véase Alvarez, *op. cit.*, 368-69. También las Naciones Unidas, a partir de 1945, urgían la auto-determinación y el gobierno propio como principios claves del nuevo orden internacional. Véase Jorge Heine y Juan M. García Passlacqua, *The Puerto Rican Question*, (New York: Foreign Policy Association, Headline Series, 1983), No. 266, 17.

[56] "Editorial", *El Mundo*, 17 de enero de 1949.

funcionarios gubernamentales que acudieron a presenciar el "logro" de los puertorriqueños. La misma representó una oportunidad para filtrar a través de su resonancia el supuesto paso hacia la descolonización.

Por ejemplo, el Senador republicano de Nebraska, Hugh Butler, interpretó de la siguiente forma el significado de la elección:

> La inauguración de Luis Muñoz Marín constituyó una prueba de que este país no estaba interesado en la explotación colonial sino en trabajar efectivamente por la democracia.[57]

Mientras tanto, Truman se comprometía a ofrecer su ayuda para continuar promoviendo el progreso de la isla y "hacer cuanto a mi alcance esté para ayudar al pueblo de Puerto Rico en la solución de sus problemas económicos, sociales y políticos".[58]

Cuando el liderato del PPD inició sus gestiones en torno al proyecto para redactar la constitución, solicitó conjuntamente la incorporación de Puerto Rico al Punto IV. A pesar de que ambas peticiones fueron inseparables, la discusión y crítica en los círculos políticos del país se concentraron en la propuesta para la creación de "un nuevo tipo de estado". El Punto IV quedaría opacado con el nacimiento del Estado Libre Asociado.

Muñoz no fue el único en gestionar la participación de Puerto Rico en el Programa. A la luz de la información recopilada hasta el momento, otros integrantes de su partido como Teodoro Moscoso, entonces director de la Compañía de Fomento, Rafael Picó, presidente de la Junta de Planes, y

---

[57] "Butler ve relieve hemisférico en la inauguración de Muñoz", *ibid.*, 18 de enero de 1949, 1.

[58] "Muñoz someterá nuevo mensaje a la legislatura", *ibid.*, 1.

el ex-gobernador Jesús T. Piñero (los dos últimos representantes estadounidenses de la Comisión del Caribe), también
gestionaron la participación en el Punto IV. Cuando Piñero
y Picó visitan a Truman en mayo de 1949, le presentan las
ventajas que supondría utilizar las facilidades existentes en
Puerto Rico.[59] Informaron que después de la Tercera Conferencia de las Indias Occidentales celebrada en Guadalupe
con los auspicios de la Comisión, ambos solicitaron al entonces Rector de la Universidad de Puerto Rico, Jaime Benítez,
la concesión de matrícula gratis a 30 becarios del Caribe. A
esta petición Benítez le añadió 10 becas adicionales, inicián-
dose en 1949 el primer programa para estudiantes del Caribe de la Universidad de Puerto Rico y su organización ads-
crita, la Escuela Vocacional Metropolitana.[60]

La Universidad de Puerto Rico desempeñaría un papel
primordial en el plan desarrollista:

> El Colegio de Cayey de la Universidad de Puerto Rico des-
> de 1940 ha adiestrado muchos de los hombres y mujeres
> que transformaron la "Operación Manos a la Obra" en una
> realidad...[61]

Otras dependencias universitarias como el Instituto de
Relaciones del Trabajo y la Escuela de Administración Pública también participarían auspiciando seminarios y programas de adiestramiento. Consideramos importantes estas
gestiones ya que demuestran el interés de la élite del PPD en
salvaguardar sus intereses a través del Programa. En esos

---

[59] "Piñero y Picó verán Truman y secretarios", *ibid.*, 3 de mayo de
1949, 1.

[60] *Training Ground for Technical Cooperation*, (San Juan: P.R. Planning
Board), 12.

[61] Philip Sherlock, "Education and Caribbean Development", en
Problemas del Caribe contemporáneo, op. cit., 26. Traducción nuestra.

momentos, además del plan para la redacción de la Constitución, despegaba el proyecto de desarrollo dependiente en la coyuntura de la expansión capitalista de la posguerra.

Ya que al principio no se tenía claro si las dependencias serían beneficiarias del plan, Teodoro Moscoso contemplaba los posibles beneficios que el Programa de Fomento Industrial derivaría del mismo. Sin embargo, Muñoz le concebiría a Puerto Rico un papel de transmisor y de laboratorio experimental donde los participantes del Programa pudieran ver de cerca la industrialización en acción. De esa forma, Operación Manos a la Obra se presentaría como un modelo a los países en vías de desarrollo bajo el manto protector de Estados Unidos.

La respuesta del Partido Popular Democrático al Punto IV

En el primer viaje a Washington después de su elección, Muñoz lleva una agenda con siete objetivos principales. Uno de ellos era insertar a Puerto Rico en el fomento de las áreas en vías desarrollo; el otro, tramitar la autorización del Gobierno Federal para la redacción de la constitución.[62]

Sugería Muñoz a Truman que los programas insulares de aumento industrial y agrícola, mejoramiento de la vivienda y bienestar social constituían excelentes ejemplos para los países en donde las cosas "tienen que hacerse en escala menor que en los Estados Unidos en general".[63] El Presidente se mostró "sumamente entusiasta" e instruyó al secretario del Interior, Julius Krug, para que canalizara las habilidades técnicas de los puertorriqueños de aprobarse el Programa. En esos momentos Estados Unidos atravesaba por una grave

---

[62] "Un nuevo Estado", *El Mundo*, 6 de julio de 1949, 12.

[63] *Ibid.*

escasez de técnicos, por lo que vieron una oportunidad para utilizar este personal.[64]

Con la consigna de "hemos olvidado las lamentaciones para apretarnos las botas", Muñoz establece contactos, cabildea para la aprobación del proyecto de constitución y lleva un mensaje esencial para la política de la guerra fría y la propagación de la "vitrina": el comunismo no era problema en Puerto Rico.[65]

También argumentaba que Puerto Rico "estaba hecho a la medida como vitrina" para exhibir en acción la ayuda técnica que recomendaba en el Punto IV ya que, con los mismos problemas que los países en vías desarrollo, los estaba combatiendo con fondos escasos y planes a largo alcance que podían servir de ejemplo a América Latina y el Caribe.[66]

En noviembre de 1949 y febrero de 1950 funcionarios norteamericanos vendrían a Puerto Rico por invitación del Gobernador a estudiar el Programa de desarrollo económico y orientarse en la preparación del Programa Punto IV. La visita incluiría organizaciones claves en la implantación del Programa del PPD como: la Junta de Planes, la Universidad de Puerto Rico, la Autoridad Insular de Hogares, Acueductos, Fuentes Fluviales, la Escuela de Medicina Tropical y la Compañía de Fomento Industrial.[67]

Fue el gobierno local el que sometió una propuesta preliminar sobre la participación en el Programa. Sus proyeccio-

---

[64] Jacob A. Kaplan, *The Challenge of Foreign Aid* (New York: Praeger, 1967), 43.

[65] "Muñoz discute en Washington un programa para 70,000 nuevas viviendas", *El Mundo*, 8 de julio de 1949, 14.

[66] "Isla contribuirá a plan de ayuda de áreas atrasadas", *ibid.*, 11 de julio de 1949, 4.

[67] "El secretario auxiliar de Estado llega con un grupo de funcionarios", *ibid.*, 30 de noviembre de 1949, 1.

nes para cuatro años incluyeron gastos de adiestramiento y otras partidas por $1,489,193.[68] En las observaciones de los funcionarios quedaría patentizado el interés porque Puerto Rico fuera un bastión anti-comunista.

> Ellos son tan americanos como los de cualquier estado. Y allí no hay comunismo alguno: tienen un buen gobierno democrático y un magnífico presidente que para ellos es otro Franklin Delano Roosevelt.[69]

Significativamente, en *El Diario*, publicado en Nueva York, se informaba sobre la posible participación de Puerto Rico en el Punto IV, la cual tendría una estrecha relación con la aprobación del proyecto de Constitución y las presiones por la descolonización de que era objeto Estados Unidos.

> ...Puerto Rico, una de las colonias políticas norteamericanas, no recibirá, pues, el beneficio directo del Punto IV...

> ...La América y el mundo entero verán en Puerto Rico un pueblo en marcha, plenamente confiado en su destino y consciente de que su esclavitud política reside en un nuevo estatuto jurídico que ya es hora de que desaparezca para dar paso a un documento constitucional a tono con las modernas corrientes del pensamiento político que repudian todas las formas de coloniaje individual o colectivo.[70]

Las gestiones que venían realizando los altos funcionarios del PPD en Washington dieron sus frutos en menos de un año. Culminaron con la designación de Puerto Rico como Centro de Adiestramiento para estudiantes y funcionarios de

---

[68] *A Program of Technical Assistance to Economically Underdeveloped Countries: P.R. Participation*, Government of Puerto Rico, Nov., 1949.

[69] "Camp declara que la isla tiene derecho a obtener la estadidad", *op. cit.*, 5 de diciembre de 1949, 1.

[70] "Diario de N. Y. alude a la isla y Punto IV", *ibid.*, 1 de enero de 1959, 1.

todas partes del mundo, especialmente para las regiones de América Latina y el Caribe.[71] La designación oficial la hizo el Departamento de Estado. Entretanto, había transferido al Departamento del Interior fondos para 16 becas en las facilidades locales. De éstas, 8 eran para adiestramiento en la Autoridad de Fuentes Fluviales, 7 en la Autoridad de Acueductos y 1 para adiestramiento en la Escuela de Medicina Tropical.[72] La transferencia de fondos se realizó bajo la Ley Pública 402 del Octogésimo Congreso, cuyo objetivo consistía en promover un intercambio educacional e informativo entre Estados Unidos y otros países. Esta experiencia de adiestramiento para personal de América Latina representó el inicio del Progama y contribuyó a sentar las bases para las actividades que Puerto Rico ofrecería como Centro de Adiestramiento.[73]

En mayo de 1950, antes de ser aprobado el Punto IV en Estados Unidos, se inició el Programa de Cooperación Técnica (Punto IV), bajo la Junta de Planes presidida por Rafael Picó. Mientras en Estados Unidos se intensificaba el debate congresional que puso en jaque la aprobación del Punto IV, en mayo de 1950 llegó a la isla el primer grupo de becarios del Programa.[74] Rafael Picó, a través de su trabajo en la Comisión del Caribe, había establecido nexos diplomáticos en América Latina, en Estados Unidos y en el Departamento de Estado que serían vitales para promover el futuro del Punto IV.

---

[71] Rafael Picó, *Diez años de planificación en Puerto Rico*, (San Juan: Junta de Planificación, agosto de 1952), 30-38.

[72] *Octavo informe anual*, Junta de Planificación, Año Fiscal 1949-50, 54.

[73] Picó, *Training Ground for Technical Cooperation*, Puerto Rico Planning Board, Office of Technical Cooperation, 12.

[74] *El programa de asistencia técnica en P.R., origen, historia, perspectiva*, Documento oficial del Departamento de Estado. (sin fecha)

A raíz de la selección de Puerto Rico se reafirman varias de las razones que se exponían desde el momento de la concepción de su papel en el Programa. Las más que se enfatizaron consistían en visualizar la isla como un "puente cultural" o eslabón entre las Américas[75] y como una "vitrina" de la política norteamericana hacia las dependencias. Puerto Rico se convierte en una intérprete de las intenciones de Estados Unidos con el hemisferio, pero apelando, a la vez, a la preservación de la identidad hispana. En un estudio que se preparó en 1955 sobre el centro de adiestramiento en Puerto Rico se confirma esta razón para la selección del programa.

> En lugar de una colonia americana explotada, ellos encuentran un gobierno autonómico democrático, independiente en sus asuntos internos y fuerte en su apoyo a los lazos que lo unen a E.U.[76]

> ...quien alguna vez tuvo una visión negativa de las políticas norteamericanas se impresiona favorablemente con lo que encuentra en P.R. La mejor comprensión de las relaciones entre la metrópoli y el Estado Libre Asociado que ellos obtienen podrá contribuir al mejoramiento de sus actitudes hacia las políticas y motivos internacionales de esta nación.[77]

Este propósito se lograba mediante un procedimiento en el cual, tras recibir a los visitantes, se les buscaba alojamiento, se les preparaban programas de adiestramiento y se les ofrecía una orientación general sobre la isla, que incluía la

---

[75] Picó, *Diez años de planificación en Puerto Rico, op. cit.*, 12.

[76] Report on the Technical Assistance Training Center in Puerto Rico" en, *Technical Assistance Final Report, op. cit.*, 517. Traducción nuestra.

[77] *Ibid.*, 522.

descripción de su estructura gubernamental y las relaciones con Estados Unidos.[78]

La "metamorfosis" de una sociedad agraria a una industrial, fue capitalizada a través del Programa. La transición económica sería utilizada para que los visitantes vieran de cerca, en una especie de laboratorio, el contraste entre las dos caras de Puerto Rico. Esta situación llamaba la atención de otros países que se preguntaban cómo los puertorriqueños habían alcanzado el logro económico.

> La industrialización de P.R. es una de las mejores realidades que se han logrado en este siglo en América Latina.[79]

En 1953, el Gobernador envió una directriz a todos los jefes de agencias para coordinar más efectivamente el Programa a nivel estatal.[80] De 1950 al cierre del año fiscal 53-54, un total de 1,341 becarios, observadores y visitantes habían llegado a la isla.[81] Mediante la Ley Núm. 39 de 27 de mayo de 1954 se transfieren al Departamento de Estado local todas las funciones que había realizado la Junta de Planes.[82] El Punto IV ya había despegado y la vitrina llegaría a conocerse a través de la promoción en la prensa mundial y de los miles de visitantes que vinieron atraídos por el Programa.

Años después quedaría evidenciado lo simplista del postulado de transferir conocimiento como fórmula a la conse-

---

[78] "Programa del Punto Cuarto", *Décimo informe anual Junta de Planificación*, Año Fiscal 1951-52.

[79] Declaraciones de Gerardo Hurtado Aguilar, periodista que visitó P.R. bajo los auspicios del Punto IV. *El Espectador*, Guatemala, 14 de enero de 1957.

[80] Picó, *Training Ground...*, op. cit., 98-99.

[81] Véase Duodécimo informe anual, Junta de Planificación, Año Fiscal 1953-54, 79.

[82] *Ley Núm. 39*, 27 de mayo de 1954.

cución del desarrollo económico.[83] En los primeros años de la implantación del Punto IV no se percibieron a cabalidad los cambios complejos que tenían que ocurrir en la sociedad receptora para que se elevaran efectivamente sus niveles de vida. Al Estados Unidos orientar sus técnicas, acompañadas por sus estilos socio-culturales, aspiraba demostrar al mundo que se podían lograr altas tasas de crecimiento económico dentro de un marco capitalista y un sistema político democrático.

Desde la participación del Partido Popular en la Comisión Anglo-Americana del Caribe, hasta su participación en el Punto IV, vemos como la élite del PPD canalizaría las políticas estadounidenses, especialmente para América Latina y el Caribe, a la vez que se aseguraba un lugar especial para implantar su proyecto reformista. Por otro lado, el proyecto autonomista y desarrollista que se llevaba a cabo en Puerto Rico le permitía a Estados Unidos adelantar temporeramente la causa de la descolonización y reformular el modelo económico desgastado que implantó desde la invasión de 1898. Operación Manos a la Obra ofrecía el nuevo modelo dependiente de la inversión del capital extranjero que disfrutaba a la vez de exenciones contributivas.

No quiero concluir esta fase preliminar de la investigación, sin antes exponer algunas de las reacciones de los visitantes que llegaron bajo el Punto IV.

Gonzalo Orrego, de Chile, le escribe lo siguiente al entonces Sub-Secretario de Estado, Arturo Morales Carrión:

> P.R. ya no es un experimento, es una realidad en pleno desarrollo y que sirve de ejemplo al mundo entero sobre lo que ha de entenderse por una preclara democracia.[84]

---

[83] Poats, *op. cit.*, 5-6.

[84] Carta a Arturo Morales Carrión de Gonzalo Orrego, de Chile, *AGPR*, Tarea 65-70, 1954-57.

El Presidente de Costa Rica, José Figueres, con el que el liderato del PPD estableció estrechas relaciones, afirmaba:

> Todo el heroísmo de que es capaz el ser humano lo están empleando ellos, (los puertorriqueños)... P.R. es hoy una oportunidad histórica sin precedentes. Es el principio de la integridad americana.[85]

Pero una evaluación realizada por el Senado estadounidense sobre los programas de asistencia técnica recomendaba cautela con las proporciones propagandísticas que estaba tomando el Punto IV en Puerto Rico.

> Certainly a highly effective story can be told abroad... It should be told however, with a measure of modest restraint and in reasonable perspective, or more harm than good will result.[86]

La "vitrina" se convirtió en una atracción mundial y en una sede de estudios científicos sobre los problemas del cambio y la modernización. La isla dejaba atrás el mote de "Operación Lamento" para convertirse en, "la Cenicienta de América Latina", un "maravilloso laboratorio de realizaciones sociales al que año tras año, vienen a buscar inspiración y modelo miles de gentes de Asia, Africa y de todas las regiones de insuficiente desarrollo".[87]

---

[85] Comunicación de José Figueres, Presidente de Costa Rica, febrero de 1955, *AGPR*, Tarea 65-70, 1954-57.

[86] "Report on the Technical Assistance Training Center in Puerto Rico", en *Technical Assistance Final Report*, Report 139, Senate, 85th Congress, 1st. Session, March 12, 1957, 521.

[87] *La Prensa*, Lima, 22 de noviembre de 1956, por Enrique Chirino Soto, periodista que visitó P.R. bajo el Punto IV.

James L. Dietz

La reinvención del subdesarrollo: Errores fundamentales del proyecto de industrialización*

Cuando Puerto Rico emprendió la trayectoria de la industrialización forzada en la década de 1940, lo hizo con grandes esperanzas de lograr mayor justicia e igualdad social, y crecimiento económico en el futuro. El esfuerzo que se llevó a cabo durante esa década para limitar el control ejercido por las corporaciones azucareras norteamericanas sobre un sector significativo de la economía, sugirió la necesidad de aumentar el control local de la producción para inducir una acumulación más rápida de excedentes de inversión que contribuyera a generar niveles cada vez más altos de ingreso y de producción. En la década de 1970, y ciertamente en la de 1980, muy pocos hubieran discrepado de que el modelo de desarrollo comenzado a finales de la década de 1940 atravesaba por una crisis severa, no sólo porque no logró cumplir sus promesas económicas, sino porque contribuyó al deterioro continuo del orden social. A continuación, y con una base más sólida que en la mayoría de los estudios sobre el tema, se exponen las razones estructurales para ese fracaso. También se aclara, aunque implícitamente, la reorganización que se requiere si se han de rectificar los problemas económicos.

---

* Traducción del inglés por Blanca I. Paniagua. Revisión de la traducción por José Augusto Punsoda Díaz.

Estrategias estilizadas de desarrollo económico

Los países latinoamericanos más desarrollados comenzaron su proceso de industrialización antes de la década de 1940. Ya para la del 1950 casi todas las naciones independientes de América Latina y el Caribe se encaminaban hacia una industrialización limitada como medio de estimular el desarrollo económico.[1] El hecho de que los líderes puertorriqueños favorecieran la industrialización en la década de 1940 como el medio estratégico para elevar el nivel de producción e ingreso del país no es, pues, totalmente inesperado. Después de todo, la correlación entre una mayor industrialización y un ingreso per cápita más alto es bastante estrecha. En relativamente pocos países se ha logrado una correlación análoga entre el desarrollo de la agricultura y el aumento en los niveles de per cápita. Lo que mide en realidad, aunque de forma imperfecta, la relación empírica observada entre la industrialización y el desarrollo es la expansión de los métodos de producción capitalistas a esferas cada vez más amplias de la economía; métodos de producción que generan ingresos y productos más eficientemente. Se acostumbra asociar, pues, los niveles más altos de desarrollo económico con la transición hacia una estructura capitalista más unificada y homogénea, en la que las necesidades tecnológicas y organizativas de la empresa capitalista desplazan progresivamente las formas tradicionales de producción.

En la década de 1940 en Puerto Rico, la agricultura, tal como estaba organizada, era incapaz de desempeñar un papel efectivo en mejorar el nivel de vida.[2] La desafortunada

---

[1]   Ciro Cardoso y Héctor Pérez Brignoli, *Historia económica de América Latina: Economías de exportación y desarrollo capitalista* (Barcelona: Ed. Crítica, 1979), pp. 190-199.

[2]   En 1940 la producción azucarera proveyó el 28.1 por ciento del total de empleos y el 62.9 por ciento del ingreso de exportación de Puerto

década de 1930 se le puede achacar, en parte, al dominio casi exclusivo del azúcar en la economía, sobre todo en el sector de la exportación. Además, la incapacidad predecible de una economía basada en el azúcar para proporcionar una base viable al crecimiento sostenido a largo plazo llevó a los líderes del Partido Popular Democrático (PPD) a optar inicialmente por la industrialización.[3] Para ello recibieron el apoyo del Gobernador Rexford Guy Tugwell, quien admitió, sin embargo, que ya existía el germen de una estrategia de industrialización antes de que él asumiera la gobernación.[4] Lo que es preciso señalar es que el PPD no abrió aquí ningún camino nuevo. La industrialización formaba parte del programa de casi todos los aspirantes al progreso económico entre los países menos desarrollados, y en especial, los de América Latina.

Sin embargo, lo particular del caso de Puerto Rico fue que el empuje inicial hacia la industrialización no sólo lo promovió el Estado, como en casi todos los otros países, sino que se efectuó por medio de esas famosas empresas de cemento, zapatos, cristalería, materiales de construcción y cartón poseídas y operadas por el Estado. Al igual que en otros países, los primeros productos seleccionados para promoción en Puerto Rico fueron productos para sustituir importaciones (aunque más bien orientados a bienes intermedios, y no a

---

Rico. Ver James L. Dietz, *Historia económica de Puerto Rico* (Cap. 3) (Río Piedras: Ed. Huracán, 1989).

[3] Dada la competencia mundial, el ritmo de la tecnología y el creciente mercado favorable a los compradores. Esto último tuvo como resultado el sistema arancelario Jones-Castigan de 1934 en los Estados Unidos, que limitó severamente la capacidad de Puerto Rico para exportar hacia los Estados Unidos y, por ende, para depender del aumento en las ventas de azúcar como contribución importante al ingreso nacional.

[4] Rexford Guy Tugwell, *The Stricken Land: The Story of Puerto Rico* (Garden City, NY: Doubleday & Co., 1947), pp. 253-254.

bienes de consumo no duraderos). Su producción se vio tanto forzada como protegida por una crisis externa que hizo factible, y hasta necesaria, la industrialización a través de la sustitución de importaciones (ISI). En el caso de Puerto Rico se trató de bienes intermedios requeridos como insumo en los procesos de manufactura de las industrias de más alto nivel. Esas empresas de ISI prometían contribuir a la deseada acumulación de excedentes de inversión dentro de Puerto Rico luego de su período de arranque; excedentes que podrían invertirse en la producción futura, aumentando así el efecto multiplicador y el efecto acelerador asociados con la expansión de la reproducción. También, lo que es muy importante, el establecimiento de estas empresas representó el inicio de unos eslabonamientos interindustriales integrados verticalmente, característicos, en todas partes, de estructuras económicas más desarrolladas y articuladas (Moscoso señaló de forma precisa que estos efectos eran la meta de Fomento).[5] Es importante recordar, además, que la misión original de Fomento incluía entre sus objetivos ampliar la esfera de operaciones del capital local y evitar "los problemas que crea el capitalismo ausentista en gran escala".[6]

Tal vez lo que los líderes puertorriqueños no comprendieron bien fue que una estrategia de industrialización es más que una simple transformación estructural en la que un tipo de producción –la manufactura– reemplaza a otro –la agricultura–. Si Puerto Rico iba a lograr mayor desarrollo y

---

[5] Teodoro Moscoso, "Origen y desarrollo de la Operación Manos a la Obra" en *Cambio y desarrollo en Puerto Rico: La transformación ideológica del Partido Popular Democrático*, Gerardo Navas Dávila, ed. (Río Piedras: Universidad de Puerto Rico, 1980), pp. 161-169.

[6] *Historia económica de Puerto Rico, op. cit.*, pp. 207-208; y Rafael Durand, "Progreso, problemas y perspectivas del desarrollo industrial de Puerto Rico", en Navas Dávila, *Cambio y desarrollo en Puerto Rico*, pp. 171-198.

mayor autonomía económica de Estados Unidos –objetivos explícitos del Partido Popular Democrático (PPD)– lo que se necesitaba era modernizar la producción y la sociedad a lo largo de líneas cada vez más capitalistas. Líneas en las que unos métodos de producción, una tecnología y una organización más eficientes pudieran desempeñar papeles cada vez más importantes.[7] Un desarrollo más autónomo requería el reemplazo de las viejas estructuras económicas y sociales fuera de la órbita capitalista de operación por nuevos modos de funcionamiento basados en los principios capitalistas. En otras palabras, para que la industrialización autónoma tuviera éxito en Puerto Rico era necesaria una revolución en la producción y en la cultura.

El período de capitalismo de estado y de empresas de sustitución de importaciones poseídas y operadas por el Estado tuvo, como todos sabemos, una vida muy corta. La resistencia interna del sector privado puertorriqueño, que las consideró a todas empresas socialistas, combinada con la reapertura de la economía a la competencia norteamericana sin trabas, acabó con estas empresas paraestatales al finalizar la guerra. Más significativo aún, para nuestros propósitos, es que este episodio acabó, eficazmente, con la intervención del gobierno puertorriqueño en las industrias de sustitución de importaciones y la promoción de las mismas. No sólo las empresas paraestatales desaparecieron del panorama, sino todo el programa de promoción. Así comienza mi relato sobre la "reinvención del subdesarrollo" en Puerto Rico, un caso clásico en el que se ha mezclado indistintamente lo bueno con lo malo.[8]

---

[7] Leonardo Santana Rabell, *Planificación y política durante la administración de Luis Muñoz Marín*. (Santurce: Análisis--Revista de Planificación, 1984), pp. 238-239.

[8] No es mi intención adentrarme en el debate ideológico concerniente a los motivos ocultos que llevaron al cambio de una estrategia de de-

La naturaleza de la estrategia de desarrollo

De seguro la sustitución de importaciones parecía ser un primer paso universal hacia la industrialización para los países en desarrollo. En el pasado, en países como Estados Unidos, con una demanda interna significativa y una competencia externa relativamente limitada, esta etapa de desarrollo podía ser bastante larga. Para los países más pequeños, y sin duda en la era moderna de estructuras, la capacidad para extender la duración de la etapa de industrialización sustitutiva es relativamente limitada. No obstante, y éste es un punto clave, tal etapa ha constituido un período de aprendizaje indispensable, aunque no suficiente, para casi todos los países en vías de desarrollo, por lo menos en este siglo.[9] Durante la misma se le daba la oportunidad a un núcleo empresarial nativo de madurar tras unas barreras tarifarias que lo protegían de la competencia de calidad y de precios del exterior. La etapa sustitutiva permite que tanto los nuevos capitalistas como los trabajadores aprendan a ajustarse a las exigencias de un sistema de mercado y dispone un lapso para que se conviertan en productores más eficientes, con

sarrollo más autónomo, a un regreso al desarrollo de enclave discutido más abajo, o si tal diferencia tiene algún sentido. Para una intervención reciente en el debate véase Emilio Pantojas García, "La crisis del modelo desarrollista y la reestructuración capitalista en Puerto Rico", Cuaderno de investigación y análisis 9, (San Juan: CEREP). Aquí sólo deseo indicar las raíces del fracaso del desarrollo desde una perspectiva económica comparativa e histórica.

[9] Gustav Ranis, "Challenges and Opportunities Posed by Asia's Super-exporters: Implications for Manufactured Exports from Latin America", *Quarterly Review of Economics and Business*, Vol. 21 (verano de 1981); [reimpreso como Capítulo 9 en *Latin America's Economic Development*, editado por James L. Dietz y James H. Street, Boulder and London: Lynne Rienner Pubs.]

capacidad para enfrentar la competencia externa de forma más equitativa una vez que se reduzcan o eliminen las barreras de precio artificiales. Cuando la industrialización sustitutiva transcurre con éxito, es posible para la incipiente clase capitalista local alcanzar un alto nivel de eficiencia y competencia, lo que hace redundante la protección continua de la producción.

Puerto Rico, sin embargo, nunca tuvo un período significativo de industrialización sustitutiva promovida por el Estado luego de ese intervalo pasajero con el capitalismo de estado a principios de la década del 40, y del cual, según parece, aprendió las lecciones equivocadas. Después de 1947, al adoptar la "Operación Manos a la Obra" como vehículo principal para la promoción de la industrialización, Puerto Rico no sólo entró de inmediato en la trayectoria del desarrollo orientado hacia afuera, con los Estados Unidos como mercado principal, sino que pasó a ser una plataforma de exportación en la que la producción para los mercados externos se convirtió en la actividad primordial de la economía.[10] El mercado interno se satisfaría, en grado significativo, con las importaciones. Desde luego, se estimuló a algunos productores locales a suplir parte de los insumos para la producción (sobre todo en construcción, alimentos, banca y

---

[10] En 1950, las exportaciones sumaron un 33.7 por ciento de todos los productos y servicios, incluidos los gubernamentales; en 1960, 37.2 por ciento; en 1970, 34.8 por ciento; en 1980, 49.3 por ciento; y en 1988, el 49.1 por ciento de toda la producción se exportó, siendo la mayor parte de la producción bienes manufacturados por las empresas promovidas por Fomento. Ver *Historia económica de Puerto Rico, op. cit.*, pp. 262 (Tabla 5.1) y 308 (Tabla 5.18); y Junta de Planificación, *Informe económico al Gobernador 1988* (San Juan: Junta de Planificación, 1989), Tablas 1, 16 y 23. Si los servicios del gobierno se hubieran excluido de estas cifras, las exportaciones de bienes producidos por empresas privadas tendrían una proporción aún mayor.

otros servicios), a través del efecto multiplicador asociado con los polos de crecimiento. Pero no se esperaba que esas empresas que se establecieron como consecuencia de los esfuerzos promocionales de Fomento estuvieran ligadas de forma integral al mercado interno. Se traían para que produjeran para la exportación, y las ganancias para Puerto Rico consistirían primordialmente en los empleos e ingresos que generarían.[11]

Ese modelo de desarrollo orientado hacia la exportación es el que las agencias de ayuda internacional, como el Fondo Monetario Internacional y el Banco Mundial, desean que las naciones subdesarrolladas sigan hoy día, sobre todo aquellas que tienen una deuda exterior sustancial. De manera que se podría plantear que Puerto Rico se adelantó al desarrollar esta estrategia orientada hacia el exterior a finales de la década de 1940; estrategia, vale la pena recordar, muy aclamada en aquel momento por su exitosa transformación de Puerto Rico. Sin embargo, sugeriría que tanto la forma particular que asumió la estrategia de orientación hacia la exportación, como el momento en que se dio, contribuyeron a lo que llamo la "reinvención del subdesarrollo". Ni el momento ni la forma del programa de orientación hacia la exportación de Puerto Rico habrían de llevar la economía del

---

[11] Ciertamente, las empresas promovidas venden en el mercado local, pero la mayor parte de los bienes de consumo son importados. Ver *Historia económica de Puerto Rico, op. cit.*, pp. 309-312; y Richard Weisskoff, *Factories and Food Stamps: The Puerto Rico Model of Development* (Baltimore: The Johns Hopkins University Press, 1986), p. 69, Tabla 9.3. Es importante percatarse, sin embargo, de que algunas empresas extranjeras orientadas hacia afuera sí vendieron al mercado local; es decir, combinaron la ISI con su estrategia de exportación que, como se discutió más abajo, es una alternativa viable para una porción significativamente mayor del consumo local. Ver "La crisis del modelo desarrollista y la reestructuración capitalista en Puerto Rico", *op. cit.*, pp. 2, 9.

subdesarrollo al desarrollo. Más bien, la clase particular de orientación hacia la exportación que se persiguió fue un retroceso con respecto a la estrategia tentativa de industrialización por sustitución de importaciones dominada por el Estado de principios de la década del cuarenta. Pronto se regresaría al estilo de desarrollo de enclave que había caracterizado a la economía azucarera durante las primeras décadas del siglo.

En otros trabajos he planteado, de forma un poco más detallada, que la industrialización que lleva al desarrollo exige el aprendizaje criollizado asociado a la etapa de industrialización por sustitución de producción.[12] Esta fase es la que contribuye a la formación de un núcleo empresarial nativo y al cultivo entre los trabajadores industriales de las destrezas necesarias para la creciente producción capitalista. Puerto Rico, al contrario de la mayoría de los países latinoamericanos, que la sobreextendieron, obvió la fase crítica de la producción sustitutiva. Esta etapa también la atravesaron países como Corea del Sur y Taiwán –para muchos observadores los favoritos en cuanto a desarrollo en este momento– a partir de la década de 1950, casi al mismo tiempo que Puerto Rico saltaba directamente al desarrollo dominado por la exportación.[13]

Es cierto que el mercado interno de Puerto Rico, que era más pequeño, estableció límites en el proceso de sustitución

---

[12] *Historia económica de Puerto Rico, op. cit.,* Cap. 3; y James L. Dietz, "Technological Autonomy, Linkages and Development", Capítulo 10 en *Progress Towards Development in Latin America: From Prebisch to Technological Autonomy,* editado por James L. Dietz y Dilmus D. James (Boulder and London: Lynne Rienner Publishers, 1990).

[13] "Challenges and Opportunities Posed by Asia's Super-exporters: Implications for Manufactured Exports from Latin America", *op. cit.,* pp. 204-226.

188

de importaciones.[14] Pero esto no significa que no hubiera
oportunidades para ampliar la producción local de ciertos
bienes de consumo no duraderos importados de los Estados
Unidos y de una variedad mayor de bienes intermedios.[15] De

---

[14] Sin embargo, no debe subestimarse el tamaño del mercado interno de Puerto Rico. En 1986, el PBN per cápita de Corea del Sur, que fue
de $2,370, representó aproximadamente la mitad del de Puerto Rico, que
fue de $4,824 por persona. La población de Corea del Sur era casi 13
veces la de Puerto Rico, de manera que, obviando los problemas
distributivos (que favorecerían a Puerto Rico), el mercado interno era casi
6 veces más grande que el de Puerto Rico. Compárese esta diferencia con
la del mercado interno de los EE UU en 1986, que era 42 veces el tamaño del de Corea del Sur. Ver *Informe económico al Gobernador 1988, op. cit.*,
p. A-1, Tabla 1; Banco Mundial 1988, pp. 222-223, Tabla 1. Si Corea del
Sur tuvo las posibilidades de una ISI, Puerto Rico también las tiene.

Por otra parte, Moscoso planteaba que las posibilidades de una ISI
en realidad eran muy limitadas en Puerto Rico. Ver Teodoro Moscoso,
"Origen y desarrollo de la Operación Manos a la Obra", en *Cambio y desarrollo en Puerto Rico, op. cit.*, p. 167. Esa opinión incurre, sin embargo,
en el error común de colocar la ISI y la orientación hacia la exportación
en polos opuestos. Los países de Asia Oriental crearon sus industrias de
sustitución de importaciones para que con el tiempo abastecieran tanto
el mercado doméstico como el externo, a medida que la producción se
tornara más eficiente como se plantea en el artículo citado de Ranis. Vis-
tas desde esa perspectiva, las posibilidades para la ISI son muchísimas
más de las que se supondrían, sobre todo para los países que pueden llenar los huecos que los productores de más alto nivel han dejado atrás.
Las posibilidades de la ISI son, sin duda, más extensas que las que Fomento ha intentado crear, que son, en el mejor de los casos, un adjunto
de la promoción de la exportación. Ver Economic Development
Administration (EDA), *Import Substitution: Prospects and Policies for Puerto
Rico in the 1980's and Beyond* (mimeo) (San Juan: EDA, 1986), pp. 12-13.

[15] Aún falta mucho por aprender del inoportuno Informe Echenique
(Ver Comité Interagencial de la Estrategia de Puerto Rico, *El desarrollo
económico de Puerto Rico (Informe Echenique)*, (Cap. 5), (Río Piedras: Ed.
Universitaria, 1976) en cuanto a las posibilidades de la sustitución de
importaciones. Véase, también, el informe más escéptico, aunque más
riguroso, de la Administración para el Desarrollo Económico, *Import*

hecho, en un complejo estudio de insumo-producto, Richard Weisskoff encontró que si se hubiera sustituido sólo el 20 por ciento de los bienes intermedios y de consumo (lo que constituye una meta razonable), para 1970 hubiera habido 31 por ciento más empleos de lo que hubo en realidad.[16] Así mismo, a base de cálculos hechos por la Junta de Planificación y el Departamento de Comercio de los EE UU, el producto bruto nacional hubiera sido 44 por ciento mayor.[17] A pesar del alto índice de crecimiento agregado real de Puerto Rico en los primeros años de Operación Manos a la Obra, éste pudo haber sido significativamente mayor con un impulso hacia una industrialización sustitutiva limitada en aquel primer período de expansión industrial. La economía también pudo haber crecido de tal forma que se hubiera reducido el desempleo y la migración, y se hubiera elevado la tasa de participación en la fuerza laboral. El rendimiento en capital humano y en ingreso tan característico de una etapa sustitutiva con más uso intensivo de mano de obra se pasó por alto en el apuro por promover la exportación. Como demuestran los llamados casos exitosos del Asia oriental, la etapa de exportación de la industrialización sigue de manera natural a la fase de aprendizaje provista por la etapa sustitutiva. Nunca

---

Substitution: Prospects and Policies for Puerto Rico in the 1980's and Beyond, op. cit., que incurre en el mismo error de considerar la ISI y la exportación como actividades mutuamente excluyentes, en vez de complementarias. Dicho informe al menos sugiere una continuidad en cuanto al parecer de Fomento con respecto a la ISI, aunque sea una manera de pensar errónea (*Ibid.,* p. 16).

[16] *Factories and Food Stamps: The Puerto Rico Model of Development,* op. cit.

[17] Junta de Planificación, *Informe económico al Gobernador 1976* (San Juan: Junta de Planificación, 1977); y U.S. Department of Commerce, *Economic Study of Puerto Rico,* Vol. 1 (Washington, D.C.: Government Printing Office, 1979).

un país que haya completado con éxito su proceso de industrialización ha comenzado con una orientación hacia la exportación, como señala Ramis en un artículo citado.[18]

Saltar la etapa de sustituciones fue, pues, el primer error de la estrategia de industrialización *Manos a la Obra* del PPD. Un traspié muy serio, probablemente provocado, al menos en parte, por las dificultades de arranque que enfrentaron las

---

[18] Al pensar en una orientación hacia la exportación y en sus posibilidades de contribuir a acelerar el desarrollo, es importante recordar que todos los países latinoamericanos independientes --y Puerto Rico siguió también ese patrón-- se distinguieron por una trayectoria de exportación agrícola y minera desde mediados del siglo diecinueve hasta la década de 1930, por lo menos (más tarde en otros países). Los episodios de ISI forzada en América Latina fueron diseñados para profundizar y diversificar las estructuras económicas que se habían estancado como consecuencia de una estructura de exportación desarticulada que era exclusivista, estaba atrasada tecnológicamente, tenía un valor agregado bajo y estaba sujeta a las fluctuaciones de los términos de intercambio y era controlada, desproporcionadamente, por intereses extranjeros. Ver "Challenges and Opportunities Posed by Asia's Super-exporters: Implications for Manufactured Exports from Latin America", *op. cit.*, pp. 204-206.

Los períodos de crecimiento sustancial en los principales países latinoamericanos ocurrieron durante la ISI, como ha señalado correctamente la bibliografía sobre la dependencia (aunque no lo ha explicado correctamente), y como resultado del período de expansión de la ISI, las estructuras sociales y productivas de América Latina comenzaron a dirigirse hacia direcciones más progresivas como se indica en "Import Substitution in Latin America in Retrospect", *op. cit.* La exportación *per se*, entonces, no puede vincularse inextricablemente con el progreso; una de las lecciones más importantes de las economías de Asia Oriental es la importancia que tiene la etapa de ISI como precursora del éxito en la exportación, ya que provee la base industrial interna capaz de retener en el país las ganancias de una estrategia de exportación en modos que luego fortalecen e impulsan la estructura económica local y otras posibilidades de desarrollo que tienen efectos derivados (spin-off) y de filtración (trickle-down).

empresas estatales, que llevó a Fomento a creer, errónea-
mente, que no era posible estimular la producción local de
bienes en competencia con las empresas estadounidenses.
Este error se vio agravado, sin embargo, por un error de
política más costoso, difícil de comprender si no es socioló-
gicamente. Ese error fue que Fomento, la agencia gubernamental encargada de supervisar el proceso de industrialización, determinó que la estrategia de orientación hacia la
exportación tenía que depender de fondos de inversión externos (hasta hace muy poco, de los EE UU). Desde entonces,
las actividades de promoción e industrialización de Fomento
se han concentrado en atraer tecnología y capital de inversión externos a las costas de Puerto Rico. Luego, no ha de
sorprendernos que una proporción creciente de todos los
recursos de inversión provenga de fuentes externas desde la
década de 1950. Fomento ha actuado como si las empresas
extranjeras fueran prácticamente las únicas que pudieran
crear una base de capital financiero y productivo para la economía. Como consecuencia, un 90 por ciento de todos los
fondos para la inversión en el sector manufacturero durante la década de 1980 se obtuvo en el exterior. En algunos sectores claves, la propiedad extranjera ha alcanzado casi el 100
por ciento.[19]

Es sugerente, aunque algo especulativo, el hecho de que
los principios generales más importantes de la estrategia
Operación Manos a la Obra se la hayan atribuido a Harvey
S. Perloff, autor del famoso *Puerto Rico's Economic Future: A
Study in Planned Development* publicado en 1950. Durante el
período de 1946-1950, parecía que Perloff dominaba el debate sobre la planificación económica y que había establecido
el programa para el desarrollo económico futuro, mediante

---

[19] *Historia económica de Puerto Rico, op. cit.*, pp. 277-28.

el diseño de la estrategia específica de desarrollo.[20] La División de Economía, creada en julio de 1950 dentro de la Junta de Planificación, era dirigida por Perloff y otros economistas norteamericanos que trabajaban con economistas y planificadores puertorriqueños. Esa oficina fue la que tuvo la responsabilidad de formar y evaluar la estrategia de desarrollo que Fomento seguiría hasta el día de hoy.

> El programa de industrialización, en su actual etapa de desarrollo, fue concebido y adoptado en 1950 siguiendo las recomendaciones formuladas al Gobernador por la División de Economía de la Junta de Planificación.[21]

De esta manera, ni Fomento ni la Junta de Planificación fueron, al menos al principio, los que planearon, escogieron y determinaron el plan de industrialización por invitación, orientado hacia afuera y financiado externamente, para acelerar el crecimiento económico. La creación del plan de desarrollo de Puerto Rico estuvo en manos de un experto norteamericano, Harvey Perloff, cuya formación y, quizás, prejuicios, lo llevaron a considerar a Puerto Rico incapaz de "pulling itself up by its own bootstraps" mediante la utilización de fondos para la inversión generados localmente y los esfuerzos de empresarios locales.[22] Por influencia de Perloff,

---

[20] *Planificación y política durante la administración de Luis Muñoz Marín*, op. cit., p. 174.

[21] "Un discurso ante la Convención de Orientación de Puerto Rico, op. cit., p. 21.

[22] La traducción al inglés de "Operación Manos a la Obra" es "Operation Bootstrap", la cual, dada la dependencia de la estrategia de industrialización por invitación en el capital, la tecnología y el conocimiento externos, es en el mejor de los casos irónica y, en el peor, una distorsión astuta de la verdad. Lo que aquí se llama Plan Perloff se encuentra en: Junta de Planificación, *Desarrollo económico de Puerto Rico:*

Muñoz Marín acabó por aceptar la necesidad de hacer del desarrollo económico acelerado un asunto urgente para el gobierno del PPD. Mientras que para el PPD la justicia social había sido una prioridad en la década del 40, el Plan Perloff le asignaba a las ambiciones de justicia social las prioridades 3 y 4. Las prioridades 1 y 2 en el plan se dirigían al desarrollo económico y a la infraestructura (que era necesaria, claro, para el crecimiento económico), invirtiéndose así el orden que había establecido el PPD en la década de 1940. En su mensaje a la Legislatura en 1951, Muñoz Marín apoyó este cambio de énfasis.

> Las lecciones económicas de mayor alcance son: que hay que perfeccionar y mantener un estricto sentido de prioridades; que la justicia hecha sobre insuficiente producción es respetable pero ineficaz para hacer verdadero bienestar; que a la larga la única manera de llevar a su máximo y mantener los más altos objetivos sociales es logrando los más altos objetivos en la producción que los hacen posibles. Nuestros primeros esfuerzos al comenzar la década se dedicaron a la legislación que habría de repartir con más justicia lo muy poco que había para los puertorriqueños cada vez más numerosos. Pronto hubo que darle más pensamiento a producir. No se puede distribuir lo que no existe.[23]

Este cambio de énfasis hacia la producción se lo podemos atribuir a la influencia de Perloff y de otros economistas y planificadores norteamericanos y a la creencia, no sólo en tener disponible el mercado de capital estadounidense, sino también en depender de estos mercados mediante las opera-

---

1940-1950; 1951-1960 (San Juan: Administración de Servicios de Gobierno, 1951).

[23] *Planificación y política durante la administración de Luis Muñoz Marín,* op. cit., p. 187.

ciones de las corporaciones norteamericanas como el principal inversionista en las actividades productivas.[24] Pero el mismo no explica la continua dependencia de los factores de producción externos en el insumo doméstico. En su último mensaje oficial como gobernador en el Capitolio, Muñoz Marín expresaría su preocupación en cuanto al reemplazo del capital puertorriqueño por intereses inversionistas extranjeros, un resultado de la estrategia económica que tanto él como el PPD habían defendido durante tanto tiempo.

> Se me hace difícil concebir que un pueblo consciente de sí mismo no tenga el propósito de que su empresa privada económica llegue a predominar las decisiones de sus residentes, de los que son parte del propósito del país.[25]

En la primera década y media de las actividades promocionales de Fomento, la dependencia continua y creciente del capital y el conocimiento de los EE UU resulta difícil de caracterizar. La primera etapa de promociones externas favoreció las industrias relativamente ligeras, de uso intensivo de mano de obra, como la de ropa y textiles, la de elaboración de alimentos, y la de productos de cuero y tabaco. Las empresas promovidas eran, por lo general, pequeñas o medianas, y con necesidades de financiamiento relativamente bajas. Además, utilizaban tecnologías bastante generalizadas y disponibles en el comercio. La mayor parte de las inversiones directas de los EE UU en el extranjero durante el mismo período se concentró en la producción de tecnología avanzada y de bienes intermedios –esfera en que era probable que las grandes empresas multinacionales dominaran la tecnología. Por eso, las empresas extranjeras promovidas en Puer-

---

[24] *Desarrollo económico de Puerto Rico: 1940-1950, 1951-1960, op. cit.,* pp. 195-197.

[25] *Ibid.,* p. 229.

to Rico estaban en el extremo inferior del espectro de producción de las empresas multinacionales. Precisamente en estas mismas industrias sustitutivas, productoras de bienes no duraderos y de bienes de consumo, se hubiera podido efectuar con mucho éxito un esfuerzo concentrado por expandir la producción si ésta se hubiera controlado, dirigido y administrado localmente. Los requisitos tecnológicos, financieros y empresariales de dicha producción eran más o menos modestos, y los efectos de aprendizaje potenciales para los trabajadores y la clase capitalista incipientes eran muchos.

A pesar de eso, después de 1947 Fomento se aferró a la decisión de que no sólo la empresas estatales no eran viables (de por sí una conclusión cuestionable) y de que incluso la industrialización sustitutiva limitada no era práctica, sino de que las empresas privadas puertorriqueñas y los empresarios puertorriqueños eran incapaces de cargar el peso del proyecto de exportación/industrialización.[26] No sabemos si los líderes puertorriqueños creyeron que se trataba de una estrategia a corto plazo en la que se suponía que la inversión norteamericana produjera eslabonamientos internos hacia atrás con el capital y los empresarios de Puerto Rico y que, en efecto, se provocara una industrialización sustitutiva vertical controlada localmente. Esto se hubiera ajustado al espí-

---

[26] No se pueden calcular las ganancias netas de una estrategia de ISI (combinada con la sustitución de exportaciones) en la que el control local de los medios de producción desempeñe un papel más prominente, con tan sólo examinar sus costos netos de oportunidad con otras alternativas como la orientación hacia la exportación, por ejemplo. Esto es así porque algunas alternativas podrían tener rendimientos altos antes, pero no después, de tomar en consideración la repatriación de ganancias y porque, además, se deben incluir en el cálculo los distintos efectos multiplicadores.

ritu de la legislación original que creó a Fomento.[27] Sin embargo, el énfasis persistente (uno se ve tentado a decir obsesivo) de Fomento en promover la inversión extranjera como la fuerza impulsora de la industrialización puertorriqueña, su negación a imponer incentivos positivos o negativos que obligaran a las empresas multinacionales a comprar localmente, casi ha imposibilitado la creación de un sector manufacturero local de importancia que pueda abastecer, mediante eslabonamientos hacia atrás, a las subsidiarias de los EE UU y, posiblemente, comenzar a sustituir ese tipo de producción. En lugar de eso, la mayoría de los incentivos fiscales se han derrochado en empresas extranjeras.[28] Como consecuencia, aunque el sector manufacturero ha crecido en términos absolutos, el capital extranjero ha aumentado casi

---

[27] Teodoro Moscoso, el primer director ejecutivo de Fomento y uno de los participantes principales en las discusiones que llevaron a la creación de la estrategia de desarrollo, indicó que "con poco capital disponible y a falta del personal diestro administrativo y de empresarios necesarios para crear una base industrial con la rapidez que las circunstancias exigían, Puerto Rico tuvo que depender de primera intención de la inversión privada extranjera", lo que parecería sugerir que la dependencia del capital extranjero no era en sí un objetivo, sino sólo una necesidad de la conjuntura y que, con el tiempo, la inversión y los empresarios puertorriqueños tendrían papeles más atractivos. Ver "Un discurso ante la Convención de Orientación de Puerto Rico", *op. cit.*, p. 167.

[28] Esto no quiere decir, claro, que no existan capitalistas locales o productores manufactureros locales, muchos de los cuales también reciben los incentivos de Fomento. Sin embargo, a finales de la década de 1960, las empresas no locales generaron cerca del 70 por ciento de los empleos, los salarios, el valor agregado y las ventas en el sector manufacturero. No existe indicio alguno de que esta proporción general haya disminuido desde entonces; de hecho, la posición relativa del capital extranjero probablemente se había intensificado algo más para mediados de la década del 80 (Ver *Historia económica de Puerto Rico, op. cit.*, pp. 262-267.

tres veces más rápidamente, adquiriendo así una posición de primacía relativa y absoluta. Se ha expresado una preocupación bastante grande por mejorar la posición de los propietarios puertorriqueños en el balance empresarial, pero es obvio que también esto cayó en oídos sordos.[29]

Ninguno de los países recién industrializados (*Newly Industrialized Countries* o NICs) dependió tanto de la inversión y de la tecnología extranjeras como Puerto Rico. De hecho, sobre todo en los casos asiáticos, los parámetros en los que se ha permitido funcionar a los inversionistas extranjeros han sido definidos de forma bastante estrecha. Los casos latinoamericanos, como Brasil y México, han sido algo más liberales que los asiáticos en relación a la inversión extranjera directa, pero han sido considerablemente más restrictivos, si se comparan con el gobierno de Puerto Rico, que ha redefinido el término *laissez faire* por su manera de tratar las inversiones externas.

Para usar una terminología algo más contemporánea, lo que hicieron Fomento y los líderes del PPD en 1947 fue hacer de Puerto Rico la primera zona de libre comercio (ZLC) en el mundo para las corporaciones de EE UU, cuyas subsidiarias establecieron operaciones similares a las maquiladoras, que repartieron la producción por todo el globo; estrategia que se ha convertido en la norma para las empresas multinacionales.[30] Las leyes contributivas de Estados Unidos ya excluían las ganancias corporativas no repatriadas de las corporaciones estadounidenses del pago de contribuciones

---

[29] *El desarrollo económico de Puerto Rico (Informe Echenique), op. cit.,* Cap. 3.

[30] James L. Dietz, "Maquiladoras in the Caribbean: Puerto Rico, the Dominican Republic and the Twin Plant Program", presentado en las sesiones de la Latin American Studies Association (LASA), Miami, Florida, diciembre 1989.

198

federales.[31] El status territorial de Puerto Rico significaba que la economía estaba dentro de la unión aduanera de Estados Unidos, de manera que la regla era un flujo ininterrumpido de bienes entre Puerto Rico y los Estados Unidos (técnicamente, prevaleció un régimen de libre cambio). Además, Fomento ofrecía mano de obra barata; y la mano de obra barata es siempre, y en todas partes, un atractivo importante de cualquier zona de libre comercio. Puerto Rico simplemente lo hizo más atractivo con unas vacaciones contributivas locales casi completas. No es de extrañar que la inversión norteamericana fluyera con rapidez. Para 1978, Puerto Rico era el lugar más importante en América Latina para la inversión norteamericana (había sido sexto en importancia en 1960) con el 33.5 por ciento del total de las inversiones directas estadounidenses en Latinoamérica.[32]

Si el PPD tenía la mínima intención –y creo que la tuvo– de introducir una estrategia para inducir una economía nacional más integrada, esta dependencia extrema en la inversión, el capital, el conocimiento y la tecnología extranjera fue, sin duda, un error de cálculo garrafal. La reforma agraria de la década de 1940 tuvo el propósito, al menos en parte, de reducir el papel de las inversiones de las compañías azucareras estadounidenses y de poner más producción en manos de los puertorriqueños; pero también hubo un componente económico significativo en esta reforma. La idea era dar po-

---

[31] Esto era bajo la Sección 931 del Código de Rentas Internas (CRI) de los EE.UU. que permitía la repatriación libre de impuestos de las ganancias sólo al momento de la liquidación de la empresa elegible. Desde 1976, las empresas norteamericanas elegibles promovidas en Puerto Rico operan bajo la Sección 936 del Código, que exime las ganancias corporativas repatriadas de los impuestos federales, sin importar en qué momento se devuelven.

[32] "La crisis del modelo desarrollista y la reestructuración capitalista en Puerto Rico", *op. cit.*

der a los productores puertorriqueños y así ampliar el control local sobre la estructura económica. La expansión de la producción y el control local contribuyen a una estructura económica vinculada internamente y más articulada, capaz de lograr mayores niveles de ingreso (mediante el factor multiplicador) y empleos más significativos.

Sin embargo, Operación Manos a la Obra anuló de inmediato cualquier adelanto obtenido en tal sentido durante la década de 1940. La estrategia de industrialización de orientación, financiamiento y control extranjero significó que, una vez más, Puerto Rico sería poco más que un enclave para los productores estadounidenses, sin otro interés o conexión con los factores de producción de Puerto Rico, que no fuera la mano de obra barata y algunos niveles de gerencia intermedia. Las subsidiarias estadounidenses promovidas por Fomento no produjeron eslabonamientos importantes con la producción local que dieran vitalidad local y, lo que es más significativo aún, Fomento tampoco intentó imponer esos eslabonamientos.

La explicación para esta dependencia constante en la inversión externa es más probable que se encuentre en la dinámica del proceso político. La estrategia de Operación Manos a la Obra ligó aún más la economía puertorriqueña a los Estados Unidos, pero no la integró. La oferta del status de Estado Libre Asociado hecha al PPD en 1950, y su aceptación desde 1952, unió aún más el gobierno local a Estados Unidos. Con el tiempo, los vínculos políticos y económicos se reforzaron recíprocamente al punto de que intentar acabar con la dependencia económica amenazaba con causar que la unión política perdiese, de forma progresiva, al menos parte de su razón de ser.

Como consecuencia de esta interacción adversa con la esfera política, la inversión estadounidense no sólo se convirtió en un sustituto para la inversión puertorriqueña, sino que

Fomento actuó en sus promociones como si los empresarios locales y el capital financiero local estuvieran permanentemente moribundos, sin ninguna esperanza de poder hacer, algún día, algo más que una contribución marginal al proyecto de desarrollo. Y, claro está, en gran medida esta conclusión estaba implícita en el enfoque de las actividades promocionales de Fomento. Al dedicar una gran parte de sus actividades promocionales y de sus fondos a estimular la localización en Puerto Rico de los inversionistas extranjeros y a mantener la ventaja contributiva federal artificial de esa localización, Fomento y el PPD anclaron la estrategia en el éxito continuo de dicha promoción. Al no generar una estratagema central para introducir por fases una producción poseída y controlada localmente, que pudiera sustituir, con el tiempo, a las empresas extranjeras, la estrategia de desarrollo recreó una economía de enclave muy parecida a la economía azucarera que predominó hasta la década de 1940. Sólo que ahora sería una economía de enclave manufacturera, lo que los economistas hoy día llamarían una economía de plataforma para la exportación, de la cual la mayor parte del valor agregado en la producción –más de un tercio en la década de 1980– fluye de la economía hacia los inversionistas externos.[33]

Eso es lo que quiero decir con la "reinvención del subdesarrollo". Carentes de una visión global del tipo de economía que se deseaba a largo plazo, y sometidos a una estrategia de desarrollo moldeada por economistas norteamericanos for-

---

[33] Como ya he señalado, la porción del ingreso total producido en Puerto Rico que ha sido repatriado a inversionistas extranjeros aumentó de (un mínimo de) menos de 1 por ciento del PBN en 1960 a más de un 30 por ciento a principios de la década de 1980, y a más de un 40 por ciento al final de la década (Ver *Historia económica de Puerto Rico, op. cit.,* pp. 264, 275-277, 334-335; e *Informe Económico al Gobernador 1988, op. cit.,* Cap. 4, Tablas 9 y A-1, Tabla 1).

mados en el análisis ortodoxo y no en el desarrollo, Fomento y el PPD fracasaron doblemente en la creación de un prototipo que estimulara un desarrollo nacional y más autonomía. Se saltó la etapa de sustitución de importaciones y se reemplazó con una estrategia orientada hacia la exportación y basada en la inversión y en la tecnología extranjeras.[34] En

---

[34] No concuerdo con Pantojas García en que el proyecto del PPD consistía en no desarrollar la economía interna y el control local de la producción y en que realmente fue diseñado para reforzar la dominación norteamericana de la economía. (Ver "La crisis del modelo desarrollista y la reestructuración capitalista en Puerto Rico", *op. cit.* Diría que sus intenciones estaban encaminadas hacia una estructura económica articulada localmente. Por desgracia, en lo que Fomento fracasó, y continúa siendo una decepción, fue en el logro de esa meta. Véase Gerardo Navas Dávila, *La dialéctica del desarrollo nacional: El caso de Puerto Rico* (Río Piedras: Ed. Universitaria, 1978), pp. 60-108, para una discusión más amplia a favor de la idea de que el PPD sí tuvo un programa de autonomía que fue sustituido por acontecimientos materiales y por un cambio en perspectiva, idea que se opone a la óptica de Pantojas García.

Navas Dávila sugiere que el cambio de una estrategia autónoma a una estrategia dependiente sobrevino con el cambio en la ideología económica que colocó el crecimiento económico (es decir, la expansión del PBI más que del PBN; la "batalla de la producción" de Muñoz Marín) por encima del desarrollo económico (que tiene la justicia social y los problemas distributivos como metas explícitas). (Ver *La dialéctica del desarrollo nacional: El caso de Puerto Rico, op. cit.*, p. 97). Quintero Rivera ve el fracaso del PPD en alcanzar un desarrollo autónomo como una falta de comprensión de la dinámica del desarrollo capitalista. (Ver Angel G. Quintero Rivera, "Base clasista del proyecto desarrollista del 40", en *Del cañaveral a la fábrica: Cambio social en Puerto Rico*, editado por Eduardo Rivera Medina y Rafael L. Ramírez [Río Piedras: Ed. Huracán, 1985], pp. 139-145.) Para aceptar el planteamiento de Pantojas García habría que demostrar la tesis de que Muñoz Marín y el PPD presentaron falsamente la autonomía económica como una meta, mientras actuaban a sabiendas para favorecer el capital estadounidense, opinión a la que no me suscribo. Ya para 1933, en una carta a Eleonor Roosevelt, a quien no tenía por qué exagerar su posición, Muñoz Marín escribió que él y otros querían "una economía que fuese, en la medida de lo posible, planeada

202

vez de estimular una transformación capitalista de los métodos de producción y de la cultura, en la que pudieran pros-
perar los empresarios nacionales y el capital interno, Fomento intentó implantar métodos de producción capitalistas del
exterior, ofreciendo una fuerza laboral dócil, aunque bastante bien adiestrada, a las empresas extranjeras como la mate-
ria prima para "explotar". Por desgracia, sin embargo, no es
posible tomar prestadas efectivamente las manifestaciones
de la tecnología –capital físico, herramientas e instrumentos–
en un proceso de supuesta transferencia tecnológica y esperar "convertirse" en un país desarrollado. Se deben criollizar
las herramientas y los métodos o la estructura económica y
social se transformará sólo de forma incompleta.

Como se mencionó antes, puede que Fomento haya creído que la dependencia en los insumos extranjeros fuera un
recurso temporero, pero el esfuerzo invertido en las promociones externas significó que el excedente en la fuerza laboral fue el insumo local esencial para el esfuerzo de industrialización, y no el capital local, los capitalistas locales u otros
factores de producción.[35] Al parecer, el conocimiento extran-

---

y autónoma". (Ver Emilio Pantojas García, "Puerto Rican Populism
Revisited: The PPD During the 1940s", *Journal of Latin American Studies*,
Vol. 21 (octubre de 1989), pp. 521-557; y Thomas H. Mathews, "The
Political Background to Industrialization", en *El desarrollo socioeconómico
de Puerto Rico*, editado por Ronald J. Duncan (San Germán: CISCLA,
1979), pp. 5-17.
Como se plantea en el texto, es probable que depender del conocimiento externo durante la creación de la estrategia de desarrollo cambia-
ra el énfasis del desarrollo, en el sentido amplio de la palabra, al crecimiento económico, visión que sustenta la posición de Navas Dávila, y
este cambio se consolidó mediante los nuevos vínculos políticos creados
por el ELA.

[35] La creación en 1961 del Departamento de Industrias Puertorriqueñas dentro de Fomento realmente nunca se vio como una sustitución
viable a la promoción extranjera, y tampoco formó parte del proyecto

jero en las áreas de mercadeo y administración, y la tecnología extranjera en la producción, eran lo que serviría como base para el milagro del desarrollo de Puerto Rico.

Albert Hirschman advirtió hace tiempo sobre los peligros inherentes a la dependencia en las inversiones externas y en el préstamo tecnológico, incluido el conocimiento en mercadeo y administración, sobre todo cuando media en esto la inversión directa de las corporaciones multinacionales, como ocurrió en Puerto Rico. En 1971 Hirschman advirtió que intentar obtener estos insumos mediante la inversión extranjera directa a la postre podría "dañar la calidad de los factores de producción locales", en vez de actuar como un estímulo para la deseada expansión de los insumos locales "inexistentes", incluidos los empresarios innovadores. En vez de servir como complemento del desarrollo tecnológico local, como un estímulo para la expansión de las destrezas laborales y administrativas, y como una ayuda para la producción controlada y dirigida localmente, los insumos extranjeros, cuando se les permite un acceso fácil y duradero a una economía, pueden sustituir la creación de los factores locales deseados. Esta visión de Hirschman plantea una explicación viable para el fracaso de Puerto Rico en crear una clase capitalista local dinámica, capaz de controlar un mayor número de medios principales de producción.

De este modo, la estrategia de Fomento se ha vuelto una profecía autorrealizada, que ha debilitado la estructura

---

total de desarrollo. Era, en su lugar, un complemento de poca importancia a la promoción externa (Ver "Progreso, problemas y perspectivas del desarrollo industrial de Puerto Rico", *op. cit.*, pp. 171-198, p. 182, aunque este punto de vista no se le debe atribuir a él). La Nueva Ley Ocho, del 10 de octubre de 1986, ofrece incentivos especiales a las empresas puertorriqueñas de ISI que producen ropa y muebles. Continuar en esa dirección es deseable, necesario y posible, y la creación del Banco de Desarrollo Económico es un paso en la dirección correcta.

productiva y social en todos los niveles, incluido el ideológico. Por falta de una visión coherente de la economía futura deseada no ha podido desempeñar el papel rector que posee en los países recién industrializados de Asia Oriental y en Japón. Puesto que la estrategia dominante fue tanto saltar la etapa de aprendizaje de la industrialización sustitutiva como cerrar las puertas a los empresarios locales para que no pudieran desempeñar ningún papel esencial dentro de la esfera productiva (particularmente en la manufactura), pronto se "descubrió" que el grupo de capitalistas locales no estaba creciendo y, por ende, se necesitaba aún más inversión extranjera. Los esfuerzos reanudados de promover las empresas extranjeras y de mantener los factores de producción extranjeros en la economía local perjudicaron y debilitaron todavía más a los empresarios locales, reales y potenciales, lo que hizo esencial todavía más el capital extranjero. Además, el status político de "asociación permanente" del PPD hizo que esta dependencia económica, y el discurso que generó, fuera funcional para el programa político y viceversa.

Así, pues, el Estado, mediante las operaciones de Fomento, ha mantenido una estrategia de desarrollo que obstaculiza la expansión y el enriquecimiento del "capital humano" de Puerto Rico y que podría contribuir a la estructura productiva local; y seguirá siendo de esa manera, mientras Fomento favorezca los insumos extranjeros sobre los nacionales. No se trata de que los productores locales no puedan llenar muchos de los huecos que están ocupados ahora por empresas extranjeras, como a veces se presupone; como tampoco es culpa directa del predominio de las empresas multinacionales estadounidenses ("imperialismo"), que ha tenido como resultado la crisis de desarrollo, sino que más bien la propia forma particular de la estrategia de desarrollo es la que ha evitado que el capital local, incluido el capital humano, desempeñe un papel rector mayor. Esta estrategia en particular es la que han escogido, y siguen escogiendo, los líderes puertorriqueños que, a mi entender, no son simples monigotes imperialistas, sino más bien líderes con una visión demasiado limitada de lo que es posible y necesario.

*La composición tipográfica
de este volumen se realizó en
Ediciones Huracán, Inc.
Ave. González 1002
Río Piedras, Puerto Rico.
Se terminó de imprimir
en septiembre de 1993 en
Impresora Editora Teófilo,
Santiago, República Dominicana.*

*La edición consta de
1,500 ejemplares.*